初中英语教师专业学习研究

卫 娜 著

哈尔滨出版社
HARBIN PUBLISHING HOUSE

图书在版编目（CIP）数据

初中英语教师专业学习研究 / 卫娜著. -- 哈尔滨：
哈尔滨出版社, 2025. 1. -- ISBN 978-7-5484-8080-8

Ⅰ. G633. 412

中国国家版本馆 CIP 数据核字第 2024HF7020 号

书　　名：初中英语教师专业学习研究

CHUZHONG YINGYU JIAOSHI ZHUANYE XUEXI YANJIU

作　　者：卫　娜　著

责任编辑：李金秋

出版发行：哈尔滨出版社（Harbin Publishing House）

社　　址：哈尔滨市香坊区泰山路 82-9 号　　邮编：150090

经　　销：全国新华书店

印　　刷：北京虎彩文化传播有限公司

网　　址：www. hrbcbs. com

E - mail：hrbcbs@ yeah. net

编辑版权热线：（0451）87900271　87900272

销售热线：（0451）87900202　87900203

开　　本：880mm×1230mm　1/32　印张：4.75　字数：113 千字

版　　次：2025 年 1 月第 1 版

印　　次：2025 年 1 月第 1 次印刷

书　　号：ISBN 978-7-5484-8080-8

定　　价：48.00 元

凡购本社图书发现印装错误,请与本社印制部联系调换。

服务热线：（0451）87900279

前　　言

随着全球化的加速和教育改革的深入,初中英语教育的重要性日益凸显。英语教师作为教育的关键因素,其专业发展对于提升英语教学质量至关重要。当前,初中英语教师在面对多元文化背景的学生、新课程标准及教育技术更新等挑战时,亟须系统、深入地研究专业学习路径,以适应教育发展的新要求。本研究旨在探讨初中英语教师专业学习的现状、需求与策略,激发初中英语教师对专业学习的热情,推动其持续、自主的发展,进而为学生的英语学习创造更加优质的环境。

本书共六章,第一章为初中英语教师专业学习的理论基础,论述了专业学习的概念界定、教师专业学习的理论模型及初中英语教师专业学习理论研究现状。第二章为初中英语教师专业学习的影响因素,综合论述了教师个人、学校组织、社会环境及其他因素。第三章为初中英语教师专业学习与教学知识更新,论述了教学知识的构成与特点、初中英语教师专业学习在教学知识更新中的作用及初中英语教师专业学习中教学知识更新策略与实践。第四章为初中英语教师专业学习与教学能力提升,论述了教学能力的构成与评价、初中英语教师专业学习对教学能力的影响及初中英语教师教学能力提升路径与方法。第五章为初中英语教师专业学习与教学态度转变,论述了教学态度的内涵与重要性、初中英语教师专业学习对教学态度的影响及初中英语教师教学态度的优化策略。第六章为初中英语教师专业学习与教学实践创新,论述了教学实践的内涵与创新意义、初中英语教师专业学习对教学实践的影响、专业学习提高教学实践的创新研究以及初中英语教师专业学习支持系统的构建。

本书以初中英语教师和英语教育科研人员为主要服务对象,致力于提高英语教师的学习创新能力和专业素养,以便更好地开展英语教学。

目　　录

第一章　初中英语教师专业学习的理论基础 …………… 1

　第一节　专业学习的概念界定 ………………………… 1
　第二节　教师专业学习的理论模型 ………………… 7

第二章　初中英语教师专业学习的影响因素 ………… 16

　第一节　教师个人因素 ……………………………… 16
　第二节　学校组织因素 ……………………………… 23
　第三节　社会环境因素 ……………………………… 29
　第四节　其他因素 …………………………………… 34

第三章　初中英语教师专业学习与教学知识更新 …… 40

　第一节　教学知识的构成与特点 …………………… 40
　第二节　初中英语教师专业学习在教学知识更新中的作用 …
………………………………………………………… 48
　第三节　初中英语教师专业学习中教学知识更新策略与实践
………………………………………………………… 55

第四章　初中英语教师专业学习与教学能力提升 …… 63

　第一节　教学能力的构成与评价 …………………… 63

第二节　初中英语教师专业学习对教学能力的影响 ……… 72

第三节　初中英语教师教学能力提升路径与方法 ………… 81

第五章　初中英语教师专业学习与教学态度转变 …… 89

第一节　教学态度的内涵与重要性 ………………… 89

第二节　初中英语教师专业学习对教学态度的影响　97

第三节　初中英语教师教学态度的优化策略 ……………… 105

第六章　初中英语教师专业学习与教学实践创新…… 113

第一节　教学实践的内涵与创新意义 ………………… 113

第二节　初中英语教师专业学习对教学实践的影响 ……… 120

第三节　专业学习提高教学实践的创新研究 …………… 127

第四节　初中英语教师专业学习支持系统的构建 ………… 135

参考文献 ……………………………………………… 142

第一章 初中英语教师专业学习的理论基础

第一节 专业学习的概念界定

一、专业学习的理论基础

(一)专业学习的定义与内涵

专业学习的定义与内涵是深入理解这一教育领域核心概念的重要基础。从学术的角度来看,专业学习不仅仅局限于对特定学科知识的简单掌握,而是一个多维度、深层次、系统化的认知与实践过程。

专业学习强调知识技能的专门化与深化。这意味着学习者需要针对某一特定领域或行业,进行深入、系统的学习与实践。这种学习不仅要求掌握该领域的基础理论知识,还包括对相关技能、方法以及最新发展动态的全面把握。通过专业学习,学习者能够构建起扎实的专业基础,为后续的职业发展奠定坚实的基础。

专业学习注重学习过程的实践性与反思性。实践性是专业学习的重要特征之一,它要求学习者将理论知识与实际应用相结合,通过实践来检验和巩固所学知识。反思性则强调学习者在学习过程中不断进行自我审视与调整,以发现自身存在的问题与不足,并寻求改进与提升的途径。这种实践性与反思性的结合，有助于促进学习者的全面发展，提高其适应未来职场挑战的能力。专业学习还关注学习环境的专业性与互动性。专业性是指学习环境需要为学习者提供与所学专业密切相关的各种资源与支持，包括优秀的师资队伍、完备的实验设施以及丰富的行业资源等。而互动性则强调学习者与学习环境之间的双向交流与影响，即学习者能够通过与教师、同学以及行业专家的互动交流，不断拓宽自身的知识视野与认知深度。这种专业性与互动性的学习环境，有助于激发学习者的学习热情与创新精神，推动其向更高层次的专业发展迈进。

（二）专业学习与相关概念的区别与联系

1. 专业学习与相关概念的区别

专业学习与通识教育在定义上存在显著差异。专业学习是指针对某一特定专业或领域进行的深入、系统的学习，旨在培养学习者在该领域内的专业知识和技能。而通识教育则是一种更为广泛的教育形式，旨在提供跨学科的基础知识，培养学习者的综合素质和批判性思维能力。在范围上，专业学习与职业培训也有区别。专业学习通常涵盖某个专业的理论知识和实践技能，为学习者提供全面的专业素养。而职业培训则更侧重于具体职业技能的掌握和应用，通常针对特定职业岗位的需求进行培训。此外，专业学习和终身学习在目标上有所不同。专业学习的目标是使学习者掌握某个专业领域的核心知识和技能，为其未来的职业发展或学术研究打下基础。而终身学习的目标则更为宏大，它强调学习的持续性和全面发展，旨在使学习者不断适应社会的变化和个人发展的需要。

2. 专业学习与相关概念的联系

通识教育为专业学习提供必要的基础知识和技能,而专业学习则在此基础上进行深化和拓展。职业培训可以看作是专业学习的延伸或补充,帮助学习者将理论知识转化为实际职业技能。终身学习的理念鼓励学习者在专业学习之外继续探索和发展,而专业学习则为终身学习提供了重要的知识和能力基础。专业学习和职业培训的结合可以使学习者更好地适应职场变化,提升职业竞争力。无论是专业学习、通识教育、职业培训还是终身学习,其最终目标都是促进学习者的全面发展,提升其社会适应能力和生活质量。

二、专业学习的核心要素

(一)知识技能的专业化要求

专业学习的核心要素中,知识技能的专业化要求是关键所在。专业化要求意味着学习者需要深入掌握所选专业的核心知识体系。这不仅包括对基本概念、原理和理论的扎实理解,还要求学习者能够将这些知识应用于专业实践中,解决实际问题。例如,在医学专业中,学生需要熟知人体生理学、病理学等基础知识,同时还需要具备临床诊断和治疗的能力。

专业技能的精通是专业学习的重要目标。专业技能通常指那些在特定专业领域内,经过系统学习和实践而获得的,能够用于完成复杂任务的能力。如计算机科学专业的学生需要熟练掌握编程技能、数据分析技能等,以应对软件开发、系统维护等专业挑战。

专业化还要求学习者具备跨学科的知识整合能力。在当今日益复杂多变的社会环境中，单一的专业知识已难以应对各种挑战。因此，学习者需要学会将本专业知识与其他相关领域的知识相融合，形成更加全面、灵活的问题解决方案。例如，在环境科学领域，研究者可能需要结合地理学、化学、生物学等多个学科的知识，来共同解决环境污染问题。此外，专业学习的知识技能专业化要求还体现在对学习者持续学习能力的期待上。随着科技的飞速发展和知识更新换代的加速，专业学习不再是一个终点，而是一个持续的过程。学习者需要具备自我驱动的学习动力，不断更新和完善自己的专业知识和技能，以适应不断变化的专业环境和社会需求。

（二）学习过程的实践性与反思性

1. 学习过程的实践性

实践性是专业学习过程的显著特征，它强调学习者通过亲身参与和实际操作来深化对专业知识的理解与掌握。在专业学习中，实践性不仅要求学习者将理论知识应用于实际情境中，更鼓励学习者在实践中发现问题、解决问题，从而不断提升自身的专业技能和实践能力。实践性的重要性在于其能够促进学习者对专业知识的内化与吸收。通过实践操作，学习者可以更加直观地感受到专业知识的实际应用，加深对知识点的理解和记忆。同时，实践性还有助于培养学习者的动手能力和创新精神，为学习者未来在专业领域内的持续发展奠定坚实基础。

2. 学习过程的反思性

反思性则是专业学习过程中另一个不可或缺的要素。它要求学习者在实践活动之后，对自己的学习过程、方法、结果等进行深入的思考和总结。通过反思，学习者可以及时发现并纠正自己在学习过程中存在的误区和不足，从而调整学习策略，优化学习效果。反思性的价值在于其能够推动学习者的自我提升和专业发展。通过持续的反思与总结，学习者可以不断积累学习经验，提高学习效率和质量。同时，反思性还有助于培养学习者的批判性思维和解决问题的能力，使学习者在面对复杂的专业问题时能够做出明智的决策和判断。

(三)学习环境的专业性与互动性

1.学习环境的专业性

学习环境的专业性是指为专业学习者所构建的学习环境，它在内容、资源、方法以及导师指导等方面均体现出高度的专业化和针对性。学习环境的专业性体现在学习内容的深度和广度上。在专业化的学习环境中，学习者接触到的知识内容是经过精心筛选和组织的，确保其既符合专业领域的核心要求，又能够反映该领域的最新发展动态。这种内容的专业性不仅要求学习者掌握扎实的专业基础知识，还鼓励学习者探索专业前沿，培养创新思维和解决复杂问题的能力。专业性也体现在学习资源的丰富性和先进性上。一个专业化的学习环境会为学习者提供丰富多样的学习资源，包括专业书籍、学术期刊、实验设备、数据库等。这些资源不仅数量充足，而且质量上乘，能够满足学习者在学术研究、实践操作等方面的多样化需求。同时，随着科技的不断发展，专业学习环境还应注重资源的更新和升级，以确保学习者能够接触到最先进的专业技术和工具。此外，学习环境的专业性还体现在教学方法的科学性和有效性上。在专业化的学习环境中，教师会采用多种教学方法和手段,如案例教学、项目驱动、实验教学等,以激发学习者的学习兴趣,提高学习者的学习效果。这些教学方法通常基于专业的教学理念和实践经验,旨在帮助学习者更好地理解和掌握专业知识,提升学习者的专业素养和实践能力。需要注意的是,学习环境的专业性离不开导师的专业指导和支持。在专业化的学习环境中,导师扮演着举足轻重的角色。导师不仅具备深厚的专业知识和丰富的实践经验,还能够为学习者提供个性化的指导和建议。通过导师的引领和帮扶,学习者可以更好地规划自己的学习路径,解决学习过程中遇到的困难和挑战,实现专业成长的质的飞跃。

2. 学习环境的互动性

学习环境的互动性是指在学习过程中,各种教学要素之间能够进行有效交流、合作与反馈的特性。学习环境的互动性体现在学习者与教师之间的互动上。在传统的单向传授教学模式中,学习者往往处于被动接受的状态,而互动性强的学习环境则鼓励学习者与教师进行积极的对话与交流。这种互动不仅有助于激发学习者的学习兴趣和动力,还能够促进学习者对知识的深入理解和主动建构。通过与教师的互动,学习者可以及时获得反馈,纠正错误认识,拓宽思维视野,从而更加全面地掌握所学内容。学习环境的互动性也体现在学习者与学习者之间的互动上。在合作式学习环境中,学习者组成小组,共同完成任务、解决问题。这种同伴间的互动不仅能够提升学习者的团队协作能力,还能够促进学习者之间的知识共享与经验交流。通过互相学习、互相启发,学习者可以更加深入地挖掘问题的本质,发现新的解决思路,从而培养创新思维和批判性思考能力。此外,学习环境的互动性还体现在学习者与学习资源之间的互动上。随着信息技术的发展,学习资源变得越来越丰富多样,包括在线课程、虚拟实验室、交互式软件等。这些资源为学习者提供了更多自主选择与探索的空间。通过与学习资源的互动,学习者可以根据自己的学习需求和兴趣,进行个性化的学习路径设计,实现自我驱动的学习过程。同时,这种互动还能够让学习者更加主动地参与到知识的建构过程中,提升学习效果和满意度。学习环境的互动性对于培养学习者的自主学习能力、批判性思维以及创新精神具有重要意义。一个充满互动的学习环境能够激发学习者的学习热情,调动学习者的学习积极性,使其在不断探索与实践中实现自我成长与发展。同时,这种互动性还能够培养学习者的沟通能力和团队协作精神,为学习者未来融入社会、参与竞争打下坚实的基础。

第二节　教师专业学习的理论模型

一、教师专业学习的理论基础

(一)认知发展理论

认知发展理论作为教师专业学习的重要理论基础,起源于著名心理学家让·皮亚杰的研究。该理论主要探讨了个体从出生到成熟过程中认知结构和能力的变化与发展。对于教师而言,深入理解认知发展理论,有助于教师更好地把握学生的学习特点,设计符合学生认知阶段的教学活动,从而提升教学效果。认知发展理论强调认知发展的阶段性。皮亚杰将认知发展划分为四个主要阶段:感知运动阶段、前运算阶段、具体运算阶段和形式运算阶段。每个阶段都有其独特的认知特点和核心任务。例如,在感知运动阶段,儿童主要通过感官和运动来探索世界;而在形式运算阶段,青少年则能够进行抽象思维和逻辑推理。教师了解这些阶段特点后,可以针对不同年龄段的学生制订相应的教学计划和策略。此外,认知发展理论还强调了认知发展的不平衡性和个体差异性。由于遗传、环境等因素的影响,不同个体的认知发展速度和路径可能存在差异。因此,教师在面对学生时,应关注教师的个体差异,提供个性化的教学支持,以满足不同学生的认知发展需求。

(二)社会学习理论

社会学习理论由美国心理学家阿尔伯特·班杜拉提出。该理论主要探讨了个体如何通过观察、模仿和反思等社会学习过程来获取新知识和技能,以及这些过程如何受到环境、个体和行为之间相互作用的影响。对于教师而言,深入理解社会学习理论,有助于教师更好地设计教学活动、营造学习环境,并促进学生的有效学习。社会学习理论强调观察学习的重要性。班杜拉认为,个体不仅通过直接经验来学习,还通过观察他人的行为及其后果(即榜样示范)来学习。这一观点提示教师,在教学过程中应充分利用观察学习的机制,为学生提供正面的榜样示范,如优秀学生的作品展示、教师的规范操作等,以激发学生的模仿动机和学习兴趣。此外,社会学习理论还强调了自我效能的重要性。自我效能是个体对自己能否成功完成某一任务的信念和预期。班杜拉认为,自我效能对个体的学习动机、努力程度和坚持性具有重要影响。因此,教师在教学过程中应注重培养学生的自我效能感,通过提供成功体验、及时反馈和鼓励等方式来增强学生的自信心和学习动力。

(三)反思实践理论

反思实践理论在教师专业学习中占据着举足轻重的地位。该理论起源于舍恩等学者的研究,强调了实践者在行动中进行反思的重要性,以及这种反思如何促进专业知识和技能的提升。对于教师而言,掌握并应用反思实践理论,不仅有助于提高教学质量,还能促进自身的专业成长。反思实践理论的核心在于"反思"。这种反思并非简单地进行回顾或总结,而是指实践者在行动过程中对自己的行为、决策以及背后所依据的理念进行深入的审视和思考。通过反思,教师可以发现自己教学实践中的优点和不足,从而有针对性地进行改进。这种反思过程不仅能够帮助教师解决实际问题,还能促使教师不断学习和更新教育理念,实现自我超越。此外,反思实践理论还鼓励教师之间开展合作与交流。在反思过程中,教师不仅需要关注自己的内心世界,还需要与他人分享经验、交流观点。通过合作与交流,教师可以不断拓宽自己的视野和知识面,提升专业素养。

(四)情感支持理论

情感支持理论在教师专业学习中具有不可忽视的地位。该理论主要探讨了情感因素在个体学习和发展过程中的重要作用,以及如何通过提供情感支持来促进学习者的积极情感体验和学业成就。对于教师而言,深入理解和应用情感支持理论,有助于教师更好地关注学生的情感需求,营造积极的学习氛围,进而提升教学效果和促进学生的全面发展。情感支持理论强调情感因素在学习过程中的关键作用。传统的教育观念往往过于强调认知因素,而忽视了情感因素对学习的影响。然而,越来越多的研究表明,情感因素与学生的学习动机、态度、兴趣以及学业成就等密切相关。因此,教师在专业学习中应充分认识情感因素的重要性,并学会如何有效地提供情感支持。此外,情感支持理论还强调了教师在提供情感支持时应具备的技巧和策略。例如,教师需要学会倾听学生的心声,理解学生的感受和需求;同时,教师还应善于运用非言语行为(如面部表情、肢体语言等)来表达自己的情感态度,与学生建立起更深层次的情感联系。这些技巧和策略的应用,有助于教师更加有效地提供情感支持,促进学生的全面发展。

(五)自主学习理论

自主学习理论是教师专业学习的重要支柱之一,它强调学习者在学习过程中的主动性和自主性。这一理论起源于对教育心理学领域的深入研究,特别是关于学习者如何自我调节学习进程、监控学习效果,并根据个人需求和情境变化灵活调整学习策略的探索。对于教师而言,掌握自主学习理论不仅有助于促进自身的专业发展,还能有效指导学生培养自主学习能力。自主学习理论的核心在于学习者的自主性和主动性。这意味着学习者能够根据自己的学习目标和情境,有意识地选择适合的学习内容、方法和策略,并监控整个学习过程。在教师专业学习中,这种自主性和主动性表现为教师能够根据自身专业发展的需求,主动寻求学习资源,制订学习计划,并持续反思和调整学习进程。此外,自主学习理论还关注学习策略的灵活性和适应性。学习策略是学习者为达到学习目标而采用的一系列方法、技巧或行为。在教师专业学习中,自主学习理论指导下的教师应能根据不同学习任务和情境,灵活选择和运用各种学习策略,以提高学习效率和质量。

二、教师专业学习的理论模型构建

(一)基于认知发展的阶段模型

在教师专业学习的理论模型构建中,基于认知发展的阶段模型提供了一个有力的框架。这一模型源于心理学领域对个体认知发展过程的研究,特别是皮亚杰的认知发展理论,它强调了个体在不同生命阶段经历不同的认知发展阶段。将这些理论应用于教师专业发展,有利于更深入地理解教师在职业生涯中的学习和发展过程,从而设计更有效的教师教育和培训项目。认知发展的阶段模型为教师专业学习提供了顺序性的发展路径。类似于儿童认知发展的阶段划分,教师的专业学习也可以视为一个逐步演进的过程。从新手教师到经验丰富的专家型教师,在专业知识、教学技能和教育理念等方面都经历了显著的变化。通过识别这些不同的阶段,教育机构和培训项目可以针对特定阶段的需求和特点来定制学习内容和教学策略。基于认知发展的阶段模型强调了教师专业发展的连续性和累积性。教师的专业学习是一个持续不断的过程,每个阶段的学习成果都为下一阶段的发展奠定了基础。这种累积性的学习过程要求教师在每个阶段都获得必要的支持和指导,以确保教师能够顺利地进入到下一个阶段。同时,教师也需要不断地进行自我反思和评估,以便及时发现自己的学习需求和进步空间。此外,认知发展的阶段模型还强调了教师专业发展中的个体差异。尽管所有的教师都会经历相似的认知发展阶段,但在每个阶段的具体表现和发展速度上可能存在差异。这种个体差异是由教师的个人背景、教育经历、教学环境等多种因素共同作用的结果。因此,在设计和实施教师教育和培训项目时,应充分考虑教师的个体差异,提供个性化的学习支持和发展机会。

(二)基于社会学习的观察学习模型

在教师专业学习的理论模型构建中,基于社会学习的观察学习模型占据了重要的地位。这一模型主要源自社会学习理论,特别是班杜拉提出的观察学习理念,它强调个体通过观察他人的行为及其后果来获得新知识和技能的过程。将这一理论应用于教师专业发展,不仅有助于解释教师如何从环境中学习,还能为教师专业学习和成长提供有力的支持。观察学习模型的核心在于模仿和示范。在教师专业学习的过程中,教师可以通过观察优秀教师的教学行为、教育策略以及与学生互动的方式等,来进行模仿和学习。这种观察学习不仅发生在教师培训、教学观摩等正式场合,也可能在日常教学工作中非正式地进行。通过模仿和示范,教师可以快速地掌握一些有效的教学技巧和方法,提升自己的教学水平。此外,观察学习模型还关注教师专业学习过程中的自我调节机制。在观察学习过程中,教师不仅是被动地接受信息,还会根据自己的理解、经验和目标对观察到的信息进行解读和选择性吸收。这一过程中,教师的自我反思、自我监控和自我调节能力显得尤为重要。通过反思,教师可以对自己的教学实践进行深入的剖析,发现其中的问题并寻求改进;通过自我监控,教师可以时刻关注自己的学习效果,及时调整学习策略;通过自我调节,教师可以根据学习环境的变化和自己的发展需求,灵活地调整学习计划和目标。

(三)基于反思实践的循环模型

在教师专业发展的过程中,基于反思实践的循环模型构成了一种重要的理论框架。该模型强调教师通过不断的实践、反思和再实践的过程,实现专业知识和技能的提升,以及教育教学理念的更新。这一模型融合了实践教学与反思性教学的理念,为教师提供了一个持续自我改进和成长的路径。反思实践的循环模型起始于教师的实践活动。教学是教师的核心工作,而实践则是教师获取直接经验、感受教学现实问题的主要途径。教师通过教学实践,与学生互动,运用各种教学策略和方法,从而积累起丰富的教学经验。这些经验构成了反思的基础,也是教师专业成长的重要资源。反思是这一模型中的关键环节。反思不是对过去行为的简单回顾,而是深层次的思考和分析。教师需要对自己的教学实践进行批判性审视,识别其中的问题、挑战和成功之处,并探究背后的原因和理念。这种反思过程有助于教师形成对自己教学实践的深刻理解,进而为后续的改进提供有力的依据。在反思的基础上,教师需要制订改进计划并再次投入实践。通过实践来检验反思的成果,观察改进措施是否有效,并进一步调整和完善自己的教学策略。这样,实践、反思和改进就形成了一个闭环,不断循环往复,推动教师的专业发展。

(四)基于情感支持的倡导模型

教师专业发展是一个多维度、复杂的过程,其中情感支持扮演着至关重要的角色。基于情感支持的倡导模型,就是从教师的情感需求出发,构建一种能够提供持续情感支持的学习环境,以促进教师的专业学习和成长。这一模型不仅关注教师的教学技能和知识储备,更重视教师在专业发展过程中所面临的情感挑战和需求。情感支持对教师专业学习具有显著的正面影响。在教师的学习和成长过程中,积极的情感支持能够增强教师的学习动力,提高教师的自我效能感和学习满意度。当教师感受到来自同事、领导、学生等各方面的理解和支持时,更有可能投入时间和精力进行自我提升,勇于尝试新的教学方法和策略。基于情感支持的倡导模型强调建立一个支持性的学习环境。这个环境应该包括尊重、信任、合作和共享的氛围,使教师能够在遇到困难时得到及时的帮助和鼓励。在这样的环境中,教师不仅可以获取专业知识和教学技能,还可以学会如何管理自己的情绪,如何处理教学中的压力和挫折,从而形成良好的心理素质和职业态度。此外,该模型还倡导在教师之间建立紧密的情感联系。通过定期的团建活动、经验分享会、教学反思讨论等形式,教师可以增进彼此的了解和信任,形成一个团结、互助的专业社群。在这个社群中,教师可以共同探讨教学中的问题,分享成功的喜悦,分担失败的痛苦,从而在情感上得到支持和慰藉。

(五)基于自主学习的个性模型

在教师专业发展的过程中,自主学习扮演着至关重要的角色。基于自主学习的个性模型,强调教师作为学习主体的主动性和个性化需求,这一模型鼓励教师根据自身的学习风格、兴趣和发展目标,自主选择学习内容、方法和进度,以实现个性化的专业发展。自主学习的个性模型突出了教师学习的自主性和自我驱动力。教师不再被动地接受知识和传授技能,而是成为学习过程的主动参与者,能够根据自身的专业发展需求,制订个性化的学习计划,选择适合自己的学习资源和策略,从而有效地促进个人知识和能力的提升。该模型强调教师学习的个性化和差异化。每位教师都有独特的学习风格、兴趣和发展目标,因此,学习需求也各不相同。基于自主学习的个性模型充分尊重教师的个体差异,为教师提供灵活多样的学习选择,以满足不同教师的个性化需求。这种个性化的学习方式有助于激发教师的学习兴趣和动力,提高学习效果和满意度。此外,自主学习的个性模型还注重教师的自我反思和自我调节能力。在自主学习的过程中,教师需要不断地对自己的学习进行反思和评估,以便及时发现问题并进行调整。同时,还需要学会如何根据自己的学习进展和实际情况,灵活地调整学习计划和策略。这种自我反思和自我调节的能力,是教师实现个性化专业发展的关键。

第二章 初中英语教师专业学习的影响因素

第一节 教师个人因素

一、教师的专业背景

教师的专业背景作为初中英语教师专业学习的重要影响因素,对教师的专业发展起着至关重要的作用。教师的专业背景是指教师在接受教育和从事教学工作过程中所形成的学科专业知识、教育理论知识以及教学实践经验的总和。这些背景因素不仅构成了教师专业素养的基础,也深刻影响着教师的专业学习过程和效果。

(一)教师的学科专业知识背景

教师的学科专业知识背景,无疑是初中英语教师专业素养的基石与核心所在。拥有深厚英语语言学知识的教师,就如同掌握了一把解锁语言奥秘的钥匙,能够深入剖析语言的细微结构,洞悉语言的演变脉络,更能够探寻语言背后所蕴含的丰富社会文化意蕴。这样的专业素养,对于准确无误地传授英语知识、帮助学生建立坚实的语言基础具有不可估量的价值。同时,一位文学素养深厚的教师,不仅能够引领学生走进英语文学的殿堂,领略那些经典作品所散发出的独特魅力,更能够在潜移默化中培养学生的跨文化交流意识和审美鉴赏能力。这样的教学,不仅仅是知识的传授,更是一种文化的熏陶和心灵的滋养。更为关键的是,具备跨文化交际能力的教师深知语言与文化的密不可分,因此在教学中总能够恰到好处地融入各种文化元素,让学生在学习语言的同时,也能够深刻理解并尊重不同的文化背景。这样的教学,无疑会极大地增强学生的实际交流能力,使学生在未来的国际舞台上更加自信地运用英语进行交流。当新的教学理念、教材和方法不断涌现时,这些具备扎实专业知识的教师总能够迅速捕捉其中的精髓,灵活地将这些新理念、新方法融入自己的教学实践中。课堂总是充满活力与创新,教学效果自然也是显著提升,为学生带来了更加丰富多彩、高效有趣的学习体验。

(二)教师的教育理论知识背景

教师的教育理论知识背景对于其专业学习的影响,确实是不可忽视的重要因素。深入掌握教育学、心理学等理论知识,意味着教师能够从更高、更广的视角去审视学生的学习过程,从而更加深入地理解学生的认知发展和情感需求。教育学和心理学的理论知识,为教师揭示了学生在不同阶段的学习特点和心理变化,让教师能够更加精准地把握学生的真实需求和期望。当教师能够深入了解学生的内心世界,在教学时就会更加得心应手,能够根据学生的个体差异提供更具针对性的教学方案。此外,教育理论知识还为教师的教学反思提供了有力的支撑。在回顾和分析自己的教学实践时,教师可以结合这些理论知识,以更加客观、理性的态度去审视自己的教学行为,从而及时发现并改进教学中的问题。这种反思与实践的相互促进,不仅能够提升教师的教学水平,还能够使教师在专业学习的道路上走得更远、更稳。因此,对于教师而言,不断充实和更新自己的教育理论知识背景,无疑是促进其专业学习、提升教学质量的关键所在。

(三)教师的教学经验背景

教师的教学经验是初中英语教师专业学习的重要影响因素,它深刻地影响着教师的专业发展、教学实践以及学生的学习效果。教学经验是指教师在长期的教学实践中所积累的知识、技能和策略,以及对学生学习需求、教学环境和教学资源等的深入理解。这些经验不仅帮助教师更好地应对教学中的挑战和问题,还能够为教师的专业学习提供宝贵的实践支撑和反思素材。教学经验有助于教师形成独特的教学风格和特色。在长期的教学实践中,教师会逐渐摸索出适合自己的教学方式和方法,形成一套行之有效的教学策略。这些策略体现了教师对教学的深刻理解和个人特色,使教师的教学更加符合学生的学习需求,从而提高教学效果。教学经验能够增强教师的教学自信和自我效能感。通过不断地实践和反思,教师会逐渐积累成功的教学经验,这些经验使教师对自己的教学能力产生积极的评价和信心。这种自信和自我效能感能够激发教师更积极地投入教学工作和专业学习中,追求更高的教学水平和更好的学生发展。

二、教师的知识基础

教师的知识基础是指教师在所任教的学科领域内掌握的专业知识,包括英语语言学知识、教学法知识、课程设计知识等,以及相关的教育学、心理学理论等。这些知识构成了教师专业素养的基石,为教师从事教学活动和进行专业学习提供了必要的理论支撑和实践指导。

（一）英语语言学知识

扎实的英语语言学知识确实是教师进行有效教学不可或缺的基石。对于初中英语教师而言,这一点显得尤为关键。教师需要全面而深入地掌握英语的语音、语法及词汇等核心要素,这不仅是构建语言能力的基础,更是确保准确传递知识、有效引导学生学习的前提。只有教师自身对英语的理解达到了一定深度,才能在课堂上游刃有余地进行语言示范,无论是发音的准确性、语法的规范性还是词汇的丰富性,都能成为学生学习的典范。同时,这种深厚的语言知识储备也使教师能够敏锐地捕捉学生在语言学习中的误区和难点,从而进行有针对性的指导,帮助学生更好地掌握英语、提升语言运用能力。因此,不断巩固和更新英语语言学知识,对于初中英语教师来说,既是专业成长的必由之路,也是提高教学质量的根本保证。

（二）教学法知识

教学法知识在教师专业学习和教学实践中占据着举足轻重的地位。教师需要广泛了解和深入掌握多种教学理论和方法,从传统教学法到现代交际教学法、任务型教学法等,每一种方法都有其独特的理论基础和应用场景。这种多样化的知识储备使教师能够根据学生的学习需求和实际教学情况,灵活选择并运用最适合的教学方法。丰富的教学法知识不仅为教师设计教学活动提供了广阔的思路,使课堂更加生动有趣、富有成效,而且还能够增强教师的教学反思能力。通过不断审视自己的教学实践,结合各种教学法的优缺点,教师能够及时发现问题并进行调整,从而不断提升教学质量。同时,这种反思和创新的过程也是教师专业成长的重要途径,推动教师不断更新教育观念,提高教学技能,实现自我超越。

(三)课程设计知识

课程设计知识确实是教师专业学习中不可或缺的重要组成部分。对于教师而言,仅仅掌握教学内容是远远不够的,更需要具备根据课程标准和学生实际情况来精心设计教学计划和教材的能力。这就要求教师不仅要对课程内容了如指掌,同时还要善于整合和利用各种教学资源,如多媒体素材、实物教具、网络资源等,以创造出一个既符合教学要求又贴近学生实际的学习环境。通过良好的课程设计,教师能够更有效地引导学生掌握知识、培养技能,从而实现教学目标。此外,合理的课程设计还能够激发学生的学习兴趣和积极性,使学生在轻松愉快的氛围中主动学习、乐于探索。因此,教师必须重视课程设计知识的学习和实践,不断提高自己的课程设计能力,以优化教学过程,提升学生的学习效果。

(四)教育学和心理学知识储备

教师的教育学和心理学知识储备,无疑会对其专业学习及教学实践产生深远的影响。这些知识不仅为教师提供了科学的视角去洞察学生的学习过程,还揭示了学生心理发展的深层规律。通过深入学习和理解教育学与心理学,教师能够更准确地把握学生的个体差异,包括学生的学习风格、兴趣爱好以及情感需求等。这种深入的了解使教师能够摒弃"一刀切"的教学方式,转而实施更具针对性的个性化教学策略。在这样的教学理念指导下,每一位学生都能得到适合自己的学习资源和指导,潜能得到更充分的挖掘,个性得到更全面的发展。因此,对于教师而言,不断充实和更新自己的教育学与心理学知识,不仅是提升教学质量的关键,更是促进学生全面发展的重要保障。

三、教师的学习动机与情感态度

(一)教师的学习动机

教师的学习动机是初中英语教师专业学习的核心影响因素,它直接关乎教师的学习投入、学习效果以及专业发展。学习动机是推动教师持续进行专业学习的内在动力,它源于教师对提升自身专业素养、实现教学价值以及满足职业发展需求的渴望。对于初中英语教师而言,学习动机的重要性尤为突出,因为这一学科不仅要求教师具备扎实的语言基础,还需要不断更新教学理念和方法,以适应多元化的教学环境和学生需求。

学习动机激发教师主动探索新知识。具有强烈学习动机的教师会积极主动地寻找学习资源,如参加培训课程、阅读专业书籍、观摩同行教学等,以丰富自己的知识库,提高教学能力。这种主动学习的态度有助于教师及时掌握最新的教育理念和教学技能,从而保持教学的前沿性。学习动机促使教师不断深化对专业的理解。在学习动机的驱动下,教师会深入研究英语学科的教学规律、学生特点以及教学策略等,力求在理论层面上有所突破,为教学实践提供更为坚实的支撑。这种对专业的深入研究有助于提升教师的教学质量,使其教学更加科学、高效。此外,学习动机还是教师实现自我提升和职业发展的重要保障。面对职业生涯中的挑战和机遇,具备学习动机的教师能够不断调整自己的学习目标,规划职业发展路径,以实现自我价值的最大化。这种自我提升的意识使教师能够在职业生涯中保持持续的成长,不断攀登新的高峰。然而,值得注意的是,学习动机的强度和持久性会受到多种因素的影响,如个人兴趣、职业发展目标、教学环境等。因此,为了保持学习动机的持续性,教师需要不断调整自己的学习策略,设定合理的学习目标,同时教育机构和学校也应该为教师提供良好的学习环境和职业发展平台,以激发和维持教师的学习动机。

(二)教师的情感态度

教师的情感态度是初中英语教师专业学习的重要影响因素之一,它以一种微妙而深远的影响方式,渗透于教师的专业学习过程之中。教师的情感态度对专业学习的投入程度具有显著影响。积极的情感态度能够激发教师内在的学习动力,使其更加专注于专业知识的获取、教学技能的提升以及教育理念的更新。相反,消极的情感态度则可能导致教师在专业学习过程中缺乏兴趣、热情和毅力,从而阻碍其专业成长。教师的情感态度影响其与同行、学生以及教育机构的互动和合作。一个具有开放、友善和合作态度的教师,更能够积极参与教育共同体的交流,分享自己的经验和见解,并从他人的反馈中获得宝贵的学习机会。这种积极的互动有助于构建一个充满活力和创新的学习环境,进而促进教师的专业学习。

教师的情感态度还与其自我反思和持续学习的能力密切相关。拥有积极情感态度的教师更倾向于以批判性的眼光审视自己的教学实践,勇于面对挑战,并寻求改进和创新。教师更倾向于将学习视为一个持续不断的过程,而不是一次性的任务。这种自我反思和持续学习的能力是教师专业发展的关键。此外,在初中英语学科中,教师的情感态度还特别体现在其对待英语文化和跨文化交际的态度上。一个对英语文化持积极态度的教师,更能够引导学生欣赏和理解英语文化的多样性,培养其跨文化交际能力。这种积极的情感态度有助于营造一个更加包容和开放的学习环境,激发学生的学习兴趣和动力。

第二节　学校组织因素

一、学校的管理制度

(一)提供结构性支持和方向指引

学校的管理制度不仅是一套规则和流程,更是教师专业学习的有力支撑和明确指引。一个精心设计的管理制度,其中详细列明了教师的各项职责,使得每一位教师都能明确自己在教育教学中所扮演的角色。更为关键的是,这样的制度还为教师绘制了一幅清晰的专业发展蓝图,从初入职场的新手到经验丰富的资深教师,每一个阶段都有明确的目标和实现这些目标的路径。除了目标和路径,一个完善的管理制度还包括评估与激励机制。这些机制能够定期对教师的工作进行客观、公正的评估,及时发现并奖励那些在教学和科研方面取得突出成绩的教师。这种正向的激励,不仅能够激发教师的职业荣誉感,更能够促使教师不断地进行自我反思和学习,从而实现专业上的持续成长和进步。

(二)规范教师教学行为和学术研究

学校的管理制度如同一把双刃剑,它在规范教师教学行为和学术研究的同时,也间接地推动了教师的专业学习。举例来说,定期的教学检查不仅是对教师工作的一种监督,更是一种促进其自我提升的机会。在这一过程中,教师需要审视自己的教学实践,从中找出可能存在的问题,并积极寻求改进的方案。此外,学校建立的质量评估和反馈机制,也为教师提供了一个了解自己教学效果和学生学习情况的平台,这种反思和实践的循环过程,对教师的专业学习有着不可估量的价值。同时,学校对学术研究的支持和奖励制度,更是激发了教师深入钻研学科知识的热忱。当教师知道自己的研究努力会得到学校的认可和支持,自然会更加积极地投入到学术研究中去,不断拓宽自己的知识领域,提升专业素养。因此,可以说学校的管理制度在教师的专业成长过程中,扮演了一个不可或缺的角色。

(三)促进资源分配

学校的管理制度在资源分配方面的作用不容忽视,它直接关系到教师是否能够获得足够的学习时间和空间,以及必要的教学资料和先进设备。合理的课程安排,能够确保教师不仅有足够的时间进行教学准备,还能有余力进行自我学习和提升。同时,良好的教学时间管理,使得教师可以在完成教学任务的同时,有效地规划自己的学习时间,实现工作与学习的平衡。此外,学校提供丰富的教学资料和先进的教学设备,更是对教师专业学习的有力支持。这些资料和设备,不仅可以帮助教师更好地完成教学任务,提升教学效果,还能为教师的专业学习和研究提供必要的物质条件。例如,利用先进的教学设备进行课堂教学,不仅可以提高学生的学习兴趣,还能促使教师不断探索新的教学方法和技术,从而推动其专业学习的深入发展。

（四）塑造学校文化

学校的管理制度对于塑造积极向上的学校文化起着至关重要的作用，这种文化又在潜移默化中影响着教师的专业学习态度。在一个倡导终身学习、不断追求卓越的学校环境中，教师会自然而然地被激发出对知识的渴望和对自我提升的追求。这样的学校文化不仅鼓励教师不断学习，还为教师提供了勇于创新和实践的平台。当学校的管理制度能够支持并推动这种文化的形成时，教师就会感受到一种来自内心的学习动力，使其更加主动地投入到专业学习和发展中。在这种环境下，教师不仅会努力提升自己的教学水平，还会积极探索教育教学的新方法和新思路，从而不断提高自己的专业素养。因此，可以说学校的管理制度通过塑造良好的学校文化，间接地促进了教师专业学习态度的积极转变。

二、学校的教学资源

丰富的教学资源能够为教师的专业学习提供坚实的基础。这些资源包括图书馆中的专业书籍和期刊、在线数据库、多媒体教学材料以及实际教学工具等。通过利用这些资源，教师可以接触到前沿的教学理论和实践成果，从而不断更新自己的知识体系，提升专业素养。

（一）先进的教学设备

先进的教学设备，如交互式白板和多媒体教室，已经成为现代教学不可或缺的工具。这些设备不仅极大地丰富了教师的教学手段，还为教师提供了一个广阔的平台，用于探索和创新教学方法。以交互式白板为例，其强大的交互功能使得教师可以轻松地与学生进行互动,实时展示教学内容,从而极大地提高了学生的参与度和学习兴趣。同时,利用这些先进设备,教师可以设计出更加生动、有趣的课堂活动。比如,通过多媒体教室的音视频功能,教师可以播放与教学内容相关的视频或音频资料,让学生在更加真实、生动的情境中学习。这样的教学方式不仅能够激发学生的学习兴趣,还能帮助学生更好地理解和掌握知识。

(二)数字化资源

学校提供的教学软件和网络平台等数字化资源,为教师的学习和发展带来了前所未有的便利。这些资源打破了时间和空间的限制,使得教师能够随时随地访问到丰富的学习材料,进行自我学习和提升。无论是深夜备课时的灵感搜寻,还是闲暇之余的知识充电,数字化资源都如影随形,满足教师个性化的学习需求。这些资源的便捷性不仅体现在随时可访问上,更在于其内容的实时更新。在这个信息爆炸的时代,教育教学的新理念、新技术层出不穷。数字化资源能够及时捕捉这些最新动态,确保教师始终站在教学前沿,跟上时代的步伐。此外,数字化资源的互动性也为教师的学习增添了新的维度。教师可以通过网络平台与同行交流心得,共享教学资源,甚至参与在线研讨和课程开发。这种跨时空的互动合作,不仅丰富了教师的学习体验,还有助于教师在专业领域内建立更广泛的联系和影响。

(三)资源共享

学校内部的教师之间以及学校与外部的教育机构之间的资源共享,已经成为教学资源中不可或缺的一环。这种资源共享模式不仅有助于拓宽教师的教学视野,使其能够接触到更加多元化的教学理念和实践经验,还能够促进教师之间的深度交流与合作。在学校内部,教师通过共享课件、教案、教学心得等资源,可以相互借鉴、取长补短,共同提高教学水平。这种开放和共享的文化氛围,极大地激发了教师们的创新精神和协作意愿,有助于形成良好的专业学习氛围。同时,学校与外部的教育机构的资源共享,如合作开展研究项目、共享教育数据库等,进一步丰富了教师的教学资源库。这种跨界的合作与交流,不仅为学校带来了前沿的教育理念和先进的教学方法,还为教师提供了更广阔的发展空间和平台。资源共享不仅优化了教学资源的配置,提高了资源的使用效率,还促进了教师之间的专业成长和学校的整体发展。这种共赢的模式,无疑将在未来的教育领域中发挥越来越重要的作用。

三、教师间的协作关系

(一)提供专业知识与技能的共享平台

教师间的协作关系确实为专业知识与技能的共享搭建了一个宝贵的平台。在日常的教学实践中,每位教师都如同一位独特的艺术家,在课堂上塑造着知识的形态,孕育着智慧的果实。这些经验和策略,如同珍贵的宝藏,蕴藏着无数的教学智慧。当教师们形成紧密的协作关系,就如同打开了一扇扇通往彼此世界的窗户。在这个共享的空间里,教师定期相聚,畅所欲言,分享那些教学中的感悟、心得和成功案例。这些交流不仅让每位教师都感受到了团队的温暖和力量,更使其教学手段和方法得到了极大的丰富和提升。这种知识与技能的共享,其意义远不止提升整个教师团队的教学水平,更为重要的是,它在无形中促进了教师个体的专业发展,让每一位教师都能够在团队的滋养下,不断地成长、进步,最终成为教育领域中的璀璨明星。

(二)构建积极学习氛围

协作关系在教育领域中确实是一股不可忽视的力量,它有助于构建一种积极、向上的学习氛围。当教师们选择共同合作、互相扶持时,交流与互动会变得更加频繁与深入。这种紧密的合作关系,促使每位教师都形成了一种积极向上的学习态度,变得更加开放,更愿意主动地去探索那些新的教学理念和技术。在这种学习氛围中,教师的创新精神和求知欲被充分地激发出来,不再满足于现状,而是持续地追求进步与成长。这种持续的努力和追求,不仅提升了教师自身的教学水平,更为学生带来了更高质量的教育体验。因此,协作关系不仅是构建积极学习氛围的关键,更是推动教师不断追求专业成长的重要动力。

(三)共同解决教学难题

通过紧密的协作关系,教师们得以共同面对并解决教学中的各种难题。在教学实践中,每位教师都可能遇到让自己感到困惑或难以处理的问题。这时,与其他教师的合作就显得尤为重要。通过集思广益,教师们能够汇聚多种观点和方法,从而更全面地审视问题,并共同寻找出最佳的解决方案。这种解决问题的过程,对教师而言,是一次宝贵的学习和成长机会。它不仅能够帮助教师提升自身的教学能力,使教师在面对类似问题时能够更加从容应对,还能够增强其团队协作能力和问题解决能力。在团队协作中,教师学会了如何更好地与他人沟通、协调和合作,这种能力对教师的职业发展具有深远的意义。因此,通过协作关系共同解决教学中的难题,是教师专业成长道路上不可或缺的一环。

（四）形成共同的专业发展目标

教师间的协作关系对于形成共同的专业发展目标具有至关重要的作用。当教师们紧密地团结在一起，携手合作时，会更加深入地了解整个团队的发展方向和长远目标。这种对共同目标的清晰认识，使得每位教师都能够明确自己在团队中的定位，从而更好地规划自己的专业发展路径。这种共同的目标感，无疑会极大地增强教师的使命感和归属感，使其意识到只有不断地提升自己的专业素养，才能更好地为团队的发展贡献力量。因此，教师们会更加积极地投入到专业学习中去，不断汲取新知识、新技能，以提升自己的教学能力。同时，为了实现团队的共同目标，教师们也会更加努力地工作，相互支持、相互鼓励，共同克服前进道路上的种种困难。

第三节　社会环境因素

一、社会文化背景

社会文化背景，作为一个社会或群体在历史演变过程中形成的独特标识，深刻地影响着身处其中的个体，包括初中英语教师。这种背景包括了地理环境、宗教信仰、民族传统等多个层面，它们共同塑造了一个社会对教育的期望和价值观。

（一）对英语教学的理解

对于初中英语教师来说，社会文化背景是一个不可忽视的影响因素，它深刻地塑造着教师对英语教学的理解和实践。由于文化背景的差异,不同社会所强调的教育价值观和语言学习观念也会有所不同。这种差异进而导致语言教学目标、内容选择以及教学方法上的多样性。在多元文化的背景下,初中英语教师需要具备高度的文化敏感性和跨文化交流的能力。这不仅意味着教师需要深刻理解自己所属文化的特点,还需要对其他文化保持开放和尊重的态度。只有这样,教师才能准确地把握英语作为一门国际语言的教学本质,避免将教学局限于单一的、刻板的文化框架内。同时,根据学生的文化背景和学习需求制定相应的教学策略,是初中英语教师必须面对的挑战。教师需要细心观察学生的文化特点和学习习惯,灵活调整教学内容和方法,以确保教学的有效性和针对性。这种个性化的教学策略不仅能够提升学生的学习兴趣和效果,还能够培养学生的跨文化意识和能力。

(二)专业发展需求

社会文化背景对初中英语教师的专业发展需求产生了深远的影响。在如今这个多元文化交融的时代,教师不再仅仅是知识的传授者,更是文化的传播者和解读者。为了更好地适应多元化的教学环境,教师需要不断地更新自己的知识结构,深入了解不同文化背景下的英语教学实践。这意味着,教师不仅要掌握扎实的英语专业知识,还要具备广博的跨文化知识,以便能够在教学中灵活应对各种文化差异带来的挑战。此外,持续学习的意愿和能力也成了教师专业发展的必备素质。教师需要保持开放的心态,积极接纳和学习新的教学理念和方法,不断提升自己的教学水平。同时,开放、包容的文化心态也是教师不可或缺的品质,它能够帮助教师更好地理解和尊重不同的文化,从而为学生创造一个更加包容和多元的学习环境。

(三)提供专业学习资源

社会文化背景无疑为初中英语教师的专业学习提供了宝贵的资源。在这个全球化的时代,文化交流活动日益频繁,为教师提供了前所未有的机会去亲身体验和了解不同文化的魅力。通过参与这些活动,教师能够直观地感受到文化的多样性,从而更准确地把握不同文化背景下学生的学习需求和兴趣点。同时,阅读相关文献和观看影视作品也是教师深入了解不同文化的有效途径。这些资料能够生动地展现不同文化的特点和表达方式,帮助教师积累丰富的教学素材,使课堂教学更加生动有趣。当教师将这些文化元素融入教学时,不仅能够提升自己的教学水平,还能够激发学生的学习兴趣,培养学生的跨文化交际能力。因此,社会文化背景对于初中英语教师的专业学习来说,既是一个挑战也是一个宝贵的资源。教师应该充分利用这些资源,不断丰富自己的文化素养,提升教学质量,为学生的全面发展贡献力量。

二、社会经济状况

(一)教育资源的投入与分配

社会经济状况对教育资源的投入与分配起着决定性的作用,这一点在初中英语教师的专业学习方面体现得尤为突出。在经济发达的地区,由于财政实力雄厚,政府和社会各界通常会投入更多的资源用于教育事业的发展,其中就包括了教师的专业培训、教学设备的更新换代,以及教育研究的深入推进等。对于初中英语教师而言,能够享受到更多的专业学习机会,无论是在参加高质量的研修课程,还是在接触前沿的教学理论与实践方面,都有着得天独厚的优势。这不仅有助于教师系统地更新知识体系,更能够让教师在教学实践中不断提升和磨炼教学技能,从而为学生提供更为高效、更有针对性的英语学习指导。然而,在经济欠发达的地区,情况则大不相同。由于财政压力较大,这些地区的教育投入往往有限,导致教育资源的相对匮乏。这种匮乏不仅表现在硬件设施的不足,更体现在软件支持,即教师专业发展机会的缺失上。在这样的环境下,初中英语教师可能难以接触到最新的教学理念和教育技术,专业成长因此受到了一定的限制。这不仅影响了教师的教学质量和职业满意度,更可能对整个地区英语教育的长远发展造成不利影响。

(二)教师的待遇和地位

社会经济状况对教师的待遇和地位产生着深远的影响,这一因素在初中英语教师的专业成长过程中尤为关键。在经济状况较好的地区,由于地方财政的充裕和教育投入的加大,教师的薪资待遇往往更为优厚,职业发展前景也更为广阔。这不仅吸引了大量的优秀人才投身于教育事业,还激发了在职教师的工作热情和专业发展动力。优厚的待遇和广阔的职业前景成为教师专业成长的有力保障,让教师能够全身心地投入到教学工作中,并不断追求个人职业素养的提升。同时,较高的社会地位和职业认同感也是推动教师积极参与专业学习的重要因素。在经济发达的地区,教师职业往往更受社会尊重和认可,这种尊重和认可不仅提升了教师的自我价值感,还进一步激发了教师追求专业成长的内在动力。教师更加珍惜自己的职业身份,愿意投入更多的时间和精力去提升自己的专业素养,以回应社会的期望和信任。然而,在经济状况不佳的地区,情况则截然不同。由于教育投入的不足和财政压力的增大,教师的待遇和地位往往难以得到保障。这不仅影响了教师队伍的稳定性,还可能导致教师在专业投入和学习热情上的下降。一些优秀的教师可能会因为待遇问题而选择离开教育行业,这无疑是对当地教育事业发展的巨大损失。因此,改善教师的待遇和地位,尤其是在经济欠发达地区,是提升教师队伍整体素质、推动教育事业持续发展的关键所在。

(三)教育需求

社会经济状况与教育需求之间存在着紧密的联系,特别是在当前经济全球化的大背景下,这种关系显得尤为突出。随着全球贸易的不断发展和国际交流的日益频繁,英语作为一门国际通用语言,其重要性已经不言而喻。特别是在经济活跃的地区,对外贸易、国际商务谈判、跨文化交流等活动几乎成为日常生活的常态,这无疑对英语教师的专业素养提出了更高的要求。为了满足这种日益增长的教育需求,初中英语教师不仅需要具备扎实的英语基础知识,还需要不断提升自己的教学水平和跨文化交际能力。需要通过持续的专业学习和实践,不断更新自己的教学理念和方法,以便更好地帮助学生掌握英语这门国际交流的重要工具。同时,教师还需要密切关注经济社会发展的最新动态,了解行业对英语人才的具体需求,从而有针对性地调整和完善自己的教学内容和策略。可以说,社会经济状况对初中英语教师的专业学习产生了深远的影响,它不仅改变了传统的教育需求格局,还为教师的专业发展提供了新的机遇和挑战。面对这种形势,教师需要保持高度的敏感性和前瞻性,不断提升自己的专业素养,以适应经济社会发展的需要。

第四节 其 他 因 素

一、学生需求与多样性

(一)学生的学习风格

学生的学习风格作为个体在学习过程中所表现出的独特偏好和方式,对初中英语教师的专业学习产生了深远的影响。学生的学习风格直接影响教师的教学策略选择。不同的学生具有不同的学习风格,如视觉型、听觉型、动觉型等。这些风格决定了学生接收和处理信息的最佳方式。为了提高教学效果,教师需要准确识别并适应每位学生的学习风格,这就要求教师必须具备多样化的教学方法和策略。因此,教师需要通过专业学习,掌握各种教学技巧,以满足不同学习风格学生的需求。学生的学习风格也促使教师进行教学反思和创新。当教师发现某种教学方法对某类学习风格的学生效果不佳时,就需要进行教学反思,调整或创新教学方法。这种反思和创新过程本身就是教师专业学习的重要组成部分。通过不断尝试和改进,教师可以逐渐形成自己独特的教学风格,提高教学的针对性和有效性。学生的学习风格还影响教师的评价方式和标准。传统的教学评价往往注重单一的考试成绩,而忽视了学生的学习过程和个性差异。然而,学生的学习风格决定了其在不同评价方式中的表现。为了更全面地评价学生的学习成果,教师需要采用多元化的评价方式,如作品集评价、口头报告、同伴评价等。这些评价方式的选择和运用,也需要教师进行专业学习和培训。

(二)学生的学习兴趣

学生的学习兴趣是初中英语教师专业学习不可忽视的影响因素。学生的学习兴趣是教师设计教学活动的关键参考。在教育心理学领域,兴趣被视为学习动机的重要组成部分,它直接影响学生的学习态度、投入程度和学业成就。当学生对英语学习表现出浓厚兴趣时,就会积极参与课堂活动,主动探索语言知识,从而形成良好的学习氛围。为了适应和激发学生的学习兴趣,初中英语教师需要不断研究和学习先进的教学理论与积极进行实践,将趣味性和教育性有机结合,创造出引人入胜的教学环境。学生的学习兴趣促使教师不断更新教学内容和方法。

随着时代的变迁和文化的多元化,学生的兴趣爱好也在不断变化。传统的、刻板的教学方式很难吸引学生的注意力,这就要求教师密切关注学生的兴趣点,及时调整教学内容,运用创新的教学方法,如情境教学、游戏教学等,以保持教学内容的鲜活力和吸引力。这一过程无疑对教师的专业素养和教学能力提出了更高的要求,促使教师不断进行专业学习和自我提升。学生的学习兴趣也是教师进行教学评价和反思的重要依据。在教学评价中,教师不仅需要关注学生的知识掌握情况,还要关注学生在学习过程中的情感体验和兴趣变化。通过对学生学习兴趣的观察和分析,教师可以反思自己的教学方法是否得当,是否有效激发了学生的学习热情,从而及时调整教学策略,优化教学效果。这种以学生学习兴趣为中心的教学评价和反思过程,有助于教师形成更加科学、人性化的教学理念,推动其专业成长和发展。

(三)学生需求的多样性

学生需求的多样性是当代教育领域中一个显著且不断发展的现象,它对初中英语教师的专业学习产生了深远的影响。学生需求的多样性体现在学习目标的差异上。不同的学生有着不同的学习目标和期望,一些学生可能希望提高口语交流能力,而另一些学生则更注重书面表达和语法知识的掌握。这种目标的多样性要求教师能够灵活调整教学内容和方法,以满足不同学生的学习需求。因此,教师需要通过专业学习,掌握多元化的教学技能和策略,以便更好地应对学生需求的多样性。学生需求的多样性还表现在学习风格和兴趣爱好的差异上。每个学生都有自己独特的学习风格和兴趣爱好,这些因素直接影响着学生的学习方式和效果。例如,一些学生可能更善于通过视觉学习,而另一些学生则更倾向于听觉或动手实践。同时,学生对于不同主题和内容的兴趣也存在差异。为了提升教学效果,教师需要深入了解学生的学习风格和兴趣,根据学生的特点进行个性化的教学设计和实施。这同样需要教师进行持续的专业学习,以便更好地理解和适应学生的多样性。学生需求的多样性还与社会文化背景紧密相关。随着全球化的推进和多元文化的交融,学生来自不同的社会文化背景,带着各自的文化观念、价值体系和语言习惯进入课堂。这就要求教师不仅具备跨文化交流的能力,还需要深入了解不同文化背景下的学生需求,为学生提供更具针对性和包容性的教学服务。因此,教师需要积极参与跨文化教育和多元文化教育方面的专业学习,以提升自己的文化素养和教学适应能力。

二、家长参与和社区支持

(一)家长对教育的参与程度

家长对教育的参与程度是影响初中英语教师专业学习的重要因素之一。家长对教育的积极参与有助于增强教师的教学动力。当家长表现出对孩子英语学习的关心和支持时,这种态度会传递给教师,增强教师投入教学工作的热情和责任感。教师感受到家长的期望和信任,更能自发地进行专业学习,以提升教学质量,回应家长的期待。家长参与教育能够为教师提供宝贵的教学反馈。家长与孩子在日常生活中的互动,使其成为孩子学习情况的直接观察者。家长向教师反馈孩子的学习进展、困难及需求,有助于教师更全面地了解学生的学习状况,从而调整教学策略,进行针对性的专业学习。家长的教育参与促进了家校之间的合作与交流。这种合作不仅体现在共同关注孩子的学习上,还体现在共享教育资源和经验方面。家长可提供不同的视角和方法来辅助孩子的英语学习,这些都可以成为教师专业学习的宝贵资源。通过与家长的合作与交流,教师可以不断拓宽教育视野,更新教育观念,促进自身的专业发展。家长对教育的参与程度也影响着教师对教育工作的整体认知。当家长高度参与孩子的教育过程时,教师会更加关注教育政策、教学方法等方面的变化,这种关注也会传递给教师。教师需要不断关注教育领域的最新动态,进行持续的专业学习,以适应和满足家长对高质量教育的需求。

(二)家长对教师的期望

家长对教师的期望是构成教师专业学习动力的重要外部因素

之一。这种期望不仅反映了家长对孩子教育的重视程度,也在一定程度上塑造了教师的教学态度和专业发展方向。家长对教师的期望具有明确的指向性,家长通常希望教师能够具备高水平的专业知识和教学技能,以确保孩子能够接受到高质量的英语教育。这种期望促使教师不断追求专业成长,通过深入学习和实践来提升自己的专业素养,以满足家长的期待。家长对教师的期望还体现在对孩子全面发展的关注上。除了英语学科知识的传授,家长还希望教师能够关注孩子的情感、态度和价值观的培养,以及跨文化交际能力的提升。这种全面的期望要求教师在专业学习中不仅要关注学科知识的更新,还要注重教育理念和教学方法的创新,以实现孩子的全面发展。家长对教师的期望也受到社会文化背景的影响。在不同的社会文化背景下,家长对教育的理解和期望可能存在差异。因此,教师需要具备跨文化沟通的能力,深入理解家长的期望和需求,并据此调整自己的教学策略和专业发展方向。此外,家长对教师的期望还具有动态性。随着教育改革的深入和社会的发展,家长的期望也在不断更新和升级。这就要求教师保持敏锐的洞察力,及时捕捉家长期望的变化,并通过专业学习来适应和满足这些新的期望。

(三)社区资源和支持网络的可用性

社区资源和支持网络的可用性对初中英语教师的专业学习具有显著影响。社区资源的丰富程度直接影响教师获取专业知识和技能的途径。社区内的图书馆、文化中心、教育机构等若能提供丰富的教育资源和学习机会,如专题讲座、研讨会、工作坊等,将有助于初中英语教师及时更新教育理念,掌握新的教学方法和技术,从而促进其专业发展。支持网络的构建对于教师专业成长至关重要。一个有效的支持网络包括同事间的协作、校际交流、专业导师的指导以及在线教育社区等。这些网络能够为教师提供一个分享经验、解决问题、共同进步的平台。特别是对于初中英语教师而言，通过参与这些支持网络，教师可以获得针对特定教学问题的实用建议和策略，以及在教学实践中所需的情感支持和鼓励。此外，社区资源和支持网络的可用性还影响教师的自主发展意愿和能力。当教师感知到社区资源丰富且支持网络强大时，能产生积极的学习态度和自我提升的动力。这种自主发展意愿的增强有助于教师主动探索新的教学理念和进行实践的积极性，形成持续的专业成长循环。然而，值得注意的是，社区资源和支持网络的可用性受到多种因素的制约，如地区经济发展不平衡、教育政策差异等。因此，为了提升初中英语教师的专业学习效果，需要政府、学校和社会各界共同努力，优化资源配置，加强网络建设，为教师创造更加有利的学习环境。

第三章 初中英语教师专业学习
与教学知识更新

第一节 教学知识的构成与特点

一、教学知识的构成

(一)学科知识

在教学知识的丰富体系中,学科知识占据着举足轻重的地位。它是教学活动的基石,为教师提供了传授给学生的具体内容和素材。学科知识不仅涵盖了各个学科的基础理论、核心概念,还包括了学科特有的方法、技巧以及学科发展的前沿动态。基础理论是学科知识的根基。它包括了学科中最基本、最核心的原理、定律和理论框架,这些内容为学科知识的构建提供了坚实的支撑。教师只有深入了解和掌握这些基础理论,才能在教学中高屋建瓴,引导学生系统地学习学科知识。核心概念是学科知识的精髓。它们是学科中最为关键、最为本质的概念,是理解和掌握学科知识的关键所在。教师需要准确把握这些核心概念,帮助学生建立清晰、准确的概念体系,从而更好地掌握和运用学科知识。学科方法和技巧也是学科知识的重要组成部分。它们是学生解决问题、进行实践操作的必备工具。教师需要熟练掌握并灵活运用这些方法和技巧,指导学生进行有效的学习和实践,提高学生的学科能力和素养。学科发展的前沿动态是学科知识的拓展和延伸。随着科技的进步和社会的发展,各个学科都在不断地更新和发展。教师需要密切关注学科的前沿动态,及时了解和掌握最新的研究成果和发展趋势,以便在教学中引入新的内容和方法,保持教学的时效性和先进性。

(二)教育学知识

教育学知识在教学知识体系中占据着至关重要的地位。它不仅是教师进行教学实践的理论基础,也是提升教学质量和教师专业发展的关键要素。教育学知识涵盖了广泛的学习理论与教学原理。这些理论和原理揭示了教育教学活动的本质规律,指导教师深入理解学生的学习过程,从而设计更加符合学生认知发展规律的教学活动。例如,构建主义学习理论强调学生在已有知识经验的基础上主动建构新知识,这启发教师在教学中创设有利于学生自主探索和知识建构的情境。教育学知识中的课程设计与实施策略为教师提供了系统的课程设计方法和实施指南。通过掌握这些策略,教师能够根据学生的需求和学科特点,制定出具有针对性、科学性和实效性的课程方案,从而优化教学过程,提升学生的学习效果。教育评估与测量也是教育学知识的重要组成部分。它帮助教师了解和评价学生的学习进度和成果,为教师调整教学方法和策略提供重要依据。通过掌握科学的教育评估方法,教师能够及时发现学生的学习困难和需求,为开展个性化教学提供有力支持。此外,教育学知识还包括对教育政策、教育心理学、教育方法等方面的深入研究。这些研究为教师提供了丰富的教育资源和手段,使教师能够在复杂多变的教育环境中灵活应对各种挑战,实现教育教学的创新和发展。

（三）心理学知识

心理学知识在教学知识的构成中扮演着举足轻重的角色。它深入探究学生的内心世界，为教师提供了解学生行为、情感和认知过程的关键工具，从而有助于教师更加科学、有效地开展教学活动。心理学知识揭示了学生的认知发展特点。不同年龄段的学生在思维、记忆、感知等方面存在显著差异，这些差异直接影响学生的学习方式和效果。通过掌握心理学知识，教师能够根据学生的认知发展阶段，设计符合其思维特点的教学内容和教学方法，从而提高教学的针对性和有效性。心理学知识关注学生的学习动机与情感培养。学习动机是推动学生持续学习的内在动力，而情感因素则深刻影响着学生的学习态度和学习效果。教师借助心理学知识，可以洞察学生的动机需求，激发学生的学习兴趣，同时营造积极的课堂氛围，促进学生的情感发展，使学习成为一种愉悦的体验。心理学知识强调个别差异与因材施教。每个学生都是独一无二的个体，在性格、兴趣、能力等方面存在差异。心理学知识为教师提供了识别和利用这些差异的方法，使教师能够根据学生的个性特点，制定个性化的教学方案，满足学生的不同需求，促进学生的全面发展。此外，心理学知识还涉及教师自身的心理素质和心理健康。教师作为教学活动的主体，其心理状态直接影响着教学质量和师生关系。通过学习和运用心理学知识，教师能够增强自我认知，调节情绪，减轻职业压力，从而以更加积极、健康的心态投身于教育事业。

（四）教学实践知识

教学实践知识是教学知识体系中的重要组成部分,它体现了教师在实际教学过程中的经验、技能和智慧。这种知识并非纯粹的理论,而是教师在面对真实教学情境时,通过不断的实践、反思和总结而逐渐积累起来的。教学实践知识包括课堂管理与组织策略。一个高效的课堂不仅需要教师具备扎实的学科知识,还需要教师掌握有效的课堂管理技巧。这包括如何制定课堂规则、维持课堂秩序、激发学生的学习兴趣以及如何应对课堂中的突发情况等。通过实践,教师能够逐渐摸索出适合自己的课堂管理模式,从而营造出积极、有序的学习氛围。教学实践知识还涉及教学方法与手段的选择。在实际教学中,教师需要根据学生的特点、学科的性质以及教学目标的要求,灵活选择合适的教学方法,如讲授法、讨论法、实验法等。同时,随着教育技术的发展,教师还需要不断学习和掌握各种现代化的教学手段,如多媒体教学、网络教学等。这些方法和手段的有效运用,能够极大地提升教学效果,促进学生的全面发展。

（五）教育方法知识

在教学知识的广博领域中,教育方法知识占据着日益重要的地位。随着科技的飞速发展和教育信息化的不断推进,教育方法已经成为现代教师不可或缺的专业素养。教育方法知识涵盖了多个方面:一是多媒体教学工具的应用。这包括但不限于幻灯片制作、教学视频编辑、交互式白板使用等技能。教师需要熟练掌握这些工具,以便能够创建丰富多样的教学资源,提升学生的学习兴趣和参与度。二是网络教学资源的整合能力。在互联网时代,海量的教学资源为教师提供了无限的可能性。然而,如何有效地筛选、整合和利用这些资源,使之服务于特定的教学目标,成为教师必须面对的挑战。教育方法知识在这方面发挥着关键作用,它帮助教师提高信息检索、资源评价和内容整合的能力。三是教育方法发展趋势的敏锐洞察力。教育方法日新月异,新的教学工具和平台层出不穷。教师需要保持开放的心态,持续关注技术动态,以便能够及时调整自己的教学策略,跟上时代的步伐。四是对教育方法的批判性思维。虽然技术在教育中的应用带来了诸多便利,但也可能引发一系列问题,如学生过度依赖技术、隐私泄露等。教师需要具备批判性思维,审慎评估技术的利弊,确保其在教学中发挥积极作用。

二、教学知识的特点

(一)科学性

教学知识的科学性是其核心属性之一,它体现了教学知识在形成、验证和应用过程中遵循科学原则和方法的严谨性。这一特点贯穿于教学知识的各个方面,从教学内容的选择到教学方法的应用,再到教学效果的评价,都离不开科学性的指导。教学知识的科学性表现在教学内容的选择上。教学内容必须基于科学的事实和理论,经过严格的筛选和验证,确保其准确性和可靠性。这意味着教师在教学过程中所传授的知识,应该是经过学术界广泛认可、具有科学依据的内容,而非主观臆断或未经证实的观点。在教学方法的应用上,科学性同样发挥着重要作用。有效的教学方法应该建立在对学生学习过程的深入理解之上,遵循学生的认知规律和心理发展特点。例如,启发式教学、探究式教学等现代教学方法,都强调根据学生的实际情况和认知特点来设计教学活动,以激发学生的学习兴趣和积极性,提高教学效果。教学知识的科学性还体现在教学效果的评价上。科学的教学评价应该采用客观、量化的指标,结合定性分析,全面、准确地反映学生的学习成果和教学效果。这要求教师在评价过程中遵循科学的原则和方法,确保评价结果的公正性和有效性。此外,教学知识的科学性还与教师自身的科学素养密切相关。作为教师,必须具备扎实的学科知识和科学的教学方法论基础,能够不断更新自己的知识体系,跟上科学发展的步伐。同时,教师还应该具备科学精神和科学态度,勇于探索教学规律,不断创新教学实践,为提升教学质量和促进学生全面发展贡献自己的力量。

(二) 系统性

教学知识的系统性是其显著特征之一,它指的是教学知识在组织和呈现时,所展现出的结构完整、层次清晰、逻辑严密的特性。这一特点对于教师有效地传授知识和学生系统地学习具有至关重要的作用。系统性的教学知识有助于构建完整的知识框架。在教学过程中,教师需要将各个知识点按照其内在的逻辑关系进行组织和编排,从而形成一个层次分明、结构完整的知识体系。这样的知识体系不仅能够帮助教师清晰地把握教学内容的主线和重点,还能够引导学生逐步建立起对学科知识的整体认知。系统性的教学知识有利于促进学生的认知发展。学生的认知过程是一个由简单到复杂、由表象到本质、由零散到系统的逐步深化过程。通过系统性的教学,教师可以按照学生的认知规律,有计划、有步骤地引导学生逐步深入探究学科知识,帮助学生建立起对知识的深层次理解和应用。系统性的教学知识还能够提高教学效率。在教学过程中,如果教师能够系统地组织和呈现知识,那么学生就能够更加高效地接收、理解和记忆这些知识。同时,系统性的教学也有助于减少教学中的重复和冗余,使教学过程更加紧凑、有序,从而提高整体的教学效率。此外,系统性的教学知识还有助于培养学生的逻辑思维能力。在系统地学习和掌握知识的过程中,学生需要不断地进行归纳、总结、比较、分析等思维活动,这些活动能够有效地锻炼学生的逻辑思维能力,提高学生的思维品质。

(三)实践性

教学知识的实践性是指教学知识不仅来源于理论研究,更根植于实际的教学实践,并在实践中不断得到检验、修正和发展。这一特点凸显了教学知识与实际教学活动的紧密联系,以及教师在实践中对知识的应用和创新。实践性是教学知识的重要基础。教学知识并非凭空产生,而是教师在长期的教学实践中逐步积累和总结出来的。这些知识既包括了具体的教学方法、技巧和策略,也涵盖了对学生学习特点、教学规律等的深入理解。因此,实践性是教学知识形成和发展的基石。实践性是教学知识有效应用的保障。教学知识的最终目的是指导教学实践,提高教学质量。只有那些经过实践检验并被证明有效的知识,才能真正被教师所接受和应用。同时,实践性还意味着教师需要在实际教学中不断尝试、调整和创新,以适应不同学生的需求和教学环境的变化。实践性促进了教学知识的动态更新。教学实践是一个不断变化的过程,教学中新的问题、挑战和需求不断涌现。这就要求教学知识必须保持开放性和动态性,能够随时吸纳新的实践经验,淘汰过时或不适用的知识。因此,实践性是教学知识保持活力和适应性的关键。实践性还体现了教师的专业成长路径。教师在实践中不断应用、反思和更新教学知识,这一过程不仅提升了教师的教学能力,也促进了教师的专业成长。通过实践,教师能够更深入地理解教学的本质和规律,形成自己独特的教学风格和理念。

(四)动态性

教学知识的动态性是指教学知识并非静止不变,而是随着教育实践的发展、学科研究的深入以及社会环境的变化而不断更新和演进的特性。这一特点揭示了教学知识的生命力和适应性,以及其对于教师专业成长和教育质量持续提升的重要意义。动态性反映了教学知识的时代性。在不同历史时期,教学知识的内容和形式都会受到当时社会政治、经济、文化等因素的影响,从而呈现出不同的特点。随着社会的进步和科技的发展,教学知识也在不断更新换代,以适应新时代的教育需求。例如,现代教育技术的迅猛发展,使得多媒体教学、网络教学等新型教学方式成为可能,这就要求教师必须不断更新自己的教学知识,掌握新的教学技能。动态性体现了教学知识的发展性。教学知识不是封闭的、自足的体系,而是开放的、发展的系统。在教育教学实践中,教师通过不断的探索和创新,不断丰富和完善教学知识的内容。同时,学科研究的深入也为教学知识的发展提供了源源不断的动力。例如,随着心理学、教育学等相关学科研究的不断深入,人们对教学过程、学习机制等的了解更加透彻,这为教学知识的更新和发展提供了理论支撑。动态性彰显了教学知识的实践性。教学知识是在教育教学实践中不断生成和演化的,它来源于实践并服务于实践。教师在实际教学过程中遇到的问题和挑战,往往需要教师运用已有的教学知识并结合实际情况进行解决。在这个过程中,教师不仅检验了教学知识的有效性,还可能通过实践创新出新的教学方法和策略,从而进一步丰富和发展了教学知识。

第二节　初中英语教师专业学习在教学知识更新中的作用

一、专业学习与教学知识更新的关系

在当前教育背景下,初中英语教师的专业学习与教学知识更新紧密相连,二者呈现出相互促进、互为因果的紧密关系。这种关系不仅关乎教师个人的专业发展,更对提升教学质量、适应教育改革具有深远影响。

(一)专业学习是教学知识更新的重要途径

随着语言学研究的深入,教育技术的日新月异,以及学生个性化需求的日益凸显,初中英语教师面临着前所未有的挑战,不仅需要扎实掌握英语语言知识,还要不断更新教育观念,提升教学技能,以满足学生全面发展的需求。而专业学习,作为教师职业成长的重要途径,其重要性不言而喻。通过参加各类教育培训,教师可以接触到最前沿的教育理论,了解最新的教学方法。阅读专业书籍则能够深化对语言教学规律的认识,拓宽教学视野。参与学术研讨更是为教师提供了与同行交流的平台,激发教学灵感,碰撞思想火花。这些专业学习活动,不仅有助于教师及时更新知识结构,更能够引导教师将所学新知转化为实际教学中的有效策略,从而不断提升教学质量,为学生的全面发展提供有力支持。

(二)教学知识更新是专业学习的主要目的和动力来源

教师进行专业学习的根本旨归,在于不断提升自己的教学能力,以便更精准、更有效地服务于学生的学习进程。在这一过程中,教学知识的持续更新显得尤为重要。因为教师只有拥有与时俱进、贴近学生实际需求的教学知识,才能设计出更具吸引力的教学内容和更富成效的教学活动。当教师在教学实践中发现,原有的教学知识已难以应对当前多样化、个性化的教学需求时,便会深刻地意识到自我提升的紧迫性,进而产生强烈的内在学习动机。这种动机驱使教师去主动探寻新的学习资源,积极把握各种学习机会,以期通过系统、深入的专业学习来充实和更新自己的知识库。可以说,正是教学知识更新的迫切需求,构成了教师专业学习的核心驱动力,推动教师在专业成长的道路上不断前行。

(三)专业学习与教学知识更新存在互动关系

在教师的专业成长过程中,专业学习与教学知识更新是两个紧密相连、互为促进的要素。它们之间存在的互动关系,不仅深刻影响着教师的教学实践,也是教师专业发展的重要驱动力。专业学习是教学知识更新的重要前提和基础。教师通过参加各种专业培训、研讨会、学术交流等活动,能够接触到前沿的教育理念和教学方法,从而获取新的教学知识。这些新知识、新技能的学习和掌握,为教师更新教学知识提供了必要的条件和资源。没有专业学习的支撑,教学知识的更新就会成为无源之水、无本之木。专业学习与教学知识更新之间存在着一种动态的、双向的互动关系。一方面,专业学习推动着教学知识的更新。教师通过不断学习,不断将新知识、新技能融入教学实践中,从而推动着教学知识的不断更新和发展。另一方面,教学知识的更新又反过来促进教师的专业学习。当教师在教学实践中遇到新的问题和挑战时,就会激发教师进一步学习的需求和动力。这种由教学知识更新引发的专业学习,更具针对性和实效性,有助于教师解决实际问题,提升教学质量。此外,这种互动关系还体现在教师的自我反思和持续改进中。教师在进行专业学习和教学知识更新的过程中,需要不断对自己的教学实践进行反思和总结,发现其中的问题和不足,并寻求改进的策略和方法。这种自我反思和持续改进的过程,既是教师专业学习的深化和拓展,也是教学知识更新的重要途径和方式。

二、专业学习促进教学知识更新的机制

(一)专业学习能够为教师提供持续的知识输入

在快速发展的教育领域,教师面临着前所未有的挑战与机遇。新的教学理念、方法和技术如雨后春笋般涌现,为教师提供了丰富多样的教学资源。为了紧跟时代步伐,教师需要不断汲取新知识,更新自己的教学理念和方法。通过参加专业培训、研讨会、学术交流等活动,教师能够拓宽视野,接触到最前沿的教育理论和实践成果。这些活动不仅为教师提供了持续的知识输入,更为其教学知识的更新注入了源源不断的动力,推动着教师在专业成长的道路上不断前行。

(二)专业学习有助于教师构建和完善知识体系

在教学过程中,教师的角色远不止于传授单一的知识点,更需构建一个系统、完整且富有逻辑性的知识体系,以全面支撑和推进教学活动。专业学习在这一过程中显得尤为关键。它不仅助力教师及时捕捉并吸纳新的知识点,更重要的是,它引导教师将这些新鲜元素巧妙地融入原有的知识框架之中。这种融合不是简单地堆砌,而是有机地整合与提升,旨在构建一个更加完善、更加丰富的

知识体系。实际上,这一知识体系的构建和完善过程,正是教学知识不断更新、不断优化的生动体现。

(三)专业学习能够提升教师的知识整合和应用能力

通过深入且系统的专业学习,教师不仅能够全面地掌握新的知识和技能,更关键的是,教师能够学习到如何将这些新获得的知识和技能精准、高效地应用到实际的教学场景中去。这种知识整合和应用的能力,不仅体现了教师的专业素养,还是教师在面对多变、复杂的教学环境时,能否灵活应对、提升教学效果的关键。随着这种能力的不断提升,教师的教学知识也在实践中得到了持续的检验、修正和优化,从而确保了教师的教学始终与时俱进,满足学生不断变化的学习需求。

(四)专业学习能够激发教师的学习动力和创新精神

教师的学习态度和创新意识直接关系到教学知识的更新速度与质量。专业学习不仅为教师提供了前沿的教学理论和技能,还为教师设定了新的学习目标和挑战。这些目标和挑战像是一盏明灯,指引着教师在知识的海洋中不断前行,追求更高的教学境界。在这种积极向上的学习动力的推动下,教师会热衷于探索新颖的教学方法,勇于尝试不同的教学策略,从而确保教学知识能够持续更新,不断焕发新的活力。

三、专业学习在教学知识更新中的具体作用

(一)扩充与更新教学知识储备

专业学习在教学知识更新中扮演着至关重要的角色,特别是

在扩充与更新教师的教学知识储备方面。专业学习是教师获取新知识、新技能的主要途径。在教育领域,知识和技能的更新速度非常快,教师需要不断学习才能跟上时代的步伐。通过专业学习,教师可以接触到最新的教育理念、教学方法和教学资源,从而将这些新知识纳入自己的知识体系中。专业学习有助于教师深化对教学知识的理解。在教学过程中,教师不仅需要掌握基础的教学知识,还需要深入理解这些知识背后的原理、逻辑和科学依据。专业学习可以为教师提供深入探究教学知识的机会,帮助教师更好地理解和掌握这些知识,从而提高教学质量。专业学习还能够促进教师教学知识的整合与创新。在专业学习过程中,教师会接触到多种不同的教学理论和实践模式,这些都可以为教师提供新的视角和思考方式。通过对这些知识的整合和创新,教师可以形成自己独特的教学风格和策略,更好地适应不同的教学环境和学生需求。专业学习对于教师教学知识储备的长期发展具有重要意义。教育是一个不断发展的领域,教师需要不断更新自己的知识储备以适应新的教学要求。通过持续的专业学习,教师可以保持对教学前沿动态的敏感性,及时调整和更新自己的教学知识,确保自己的教学始终保持在行业前列。

(二)提升教学实践能力

专业学习在教学知识更新中,对提升教师的教学实践能力具有显著作用。专业学习能够增强教师的教学设计能力。通过深入学习新的教学理念和方法,教师可以更加灵活地运用不同的教学策略,设计出更符合学生认知规律和学习需求的教学方案。这种设计能力的提升,使得教师能够针对不同学科、不同年级的学生特点,进行个性化的教学设计,从而提高教学效果。专业学习有助于提升教师的教学实施能力的提高。在专业学习过程中,教师会接触到各种实际教学案例和模拟教学场景,通过分析和实践,可以更加熟练地掌握教学技巧,提高课堂管理能力。这种实践经验的积累,使得教师在面对真实的教学环境时,能够更加自信、从容地进行教学,确保教学活动的顺利进行。专业学习还能够促进提高教师的教学反思能力。在专业学习过程中,教师不仅需要学习新的教学知识和技能,还需要对自己的教学实践进行深入的反思和总结。通过反思,教师可以发现自己教学中的问题和不足,及时进行调整和改进。这种反思能力的提升,有助于教师形成自我完善的教学机制,实现教学实践的良性循环。此外,专业学习有助于培养教师的创新精神和实践能力。随着教育改革的不断深入,教师需要具备创新意识和实践能力,以适应新的教学要求。专业学习可以为教师提供广阔的创新平台和实践机会,鼓励教师勇于尝试新的教学方法和手段,从而培养出具有创新精神和实践能力的优秀教师。

(三)增强教学创新能力

专业学习能够为教师提供创新思维的源泉。通过深入学习前沿的教育理念、教学方法和技术,教师可以接触到更多新的教学思想和观点,从而激发教师在教学实践中的创新思维。这种创新思维的形成,有助于教师打破传统的教学框架,勇于尝试新的教学方法和手段。专业学习有助于提升教师的创新实践能力。在专业学习过程中,教师不仅可以学习到新的教学理论,还可以通过实践环节将理论知识转化为实际操作能力。这种实践经验的积累,使得教师在面对教学问题时,能够更加灵活地运用所学知识,进行创新性的解决。同时,教师还能够根据学生的学习需求和反馈,不断调整和优化教学策略,实现教学的持续改进和创新。此外,专业学习还能够培养教师的创新精神和团队合作意识。在专业学习过程中,教师需要不断探索、尝试和反思,这种过程本身就需要具备创新精神。同时,专业学习也往往采用小组合作、研讨交流等方式进行,这有助于培养教师的团队合作意识,促进教师之间的知识共享和创新协作。这种合作精神的提升,可以进一步激发教师的创新潜力,推动教师团队的整体创新和发展。

(四)促进教师间的交流与合作

专业学习在教学知识更新中,对促进教师间的交流与合作具有深远影响。专业学习为教师提供了广阔的交流平台。在各类专业培训、研讨会或学术活动中,来自不同学校、不同学科背景的教师得以会聚一堂,分享各自的教学经验、心得与疑问。这种跨界的交流不仅有助于教师开阔视野,了解更多的教学实践策略,还能够激发教师深入思考和探索教学问题的热情。专业学习强化了教师间的协作能力。在教学研究、课程设计等实践活动中,教师们往往需要组成小组,共同研讨、解决问题。这种合作模式要求教师相互尊重、倾听和支持,从而培养教师的团队协作精神。通过协作,教师之间可以相互学习、取长补短,共同提升教学质量和效果。专业学习促进了教学资源的共享。在交流与合作的过程中,教师们会分享各自的教学资源,如课件、教案、教学视频等。这种资源的共享不仅减轻了教师的备课负担,还为教师提供了更多优质的教学素材和灵感来源。同时,资源的共享也有助于推动教育公平,让更多的学生享受到优质的教学资源。在交流与碰撞中,教师们会不断提出新的教学观点、方法和策略,从而推动教学知识的不断更新和完善。这种创新与发展不仅有助于提升教师们的教学水平,还能够为教育事业注入源源不断的活力。

第三节 初中英语教师专业学习中教学 知识更新策略与实践

一、自主学习与持续进修

(一) 阅读专业书籍与学术期刊

自主学习与持续进修是教师专业发展的重要途径,其中阅读专业书籍与学术期刊扮演着至关重要的角色。阅读专业书籍有助于教师构建系统、全面的知识体系。专业书籍通常具有深厚的理论基础和严谨的逻辑结构,能够为教师提供某一领域内的核心知识和理论框架。通过阅读,教师可以深入了解学科的基本概念、原理和方法,从而建立起扎实的知识基础。这种系统的知识构建有助于教师在教学实践中更好地运用相关理论,提高教学效果。学术期刊是教师获取前沿知识、把握学科动态的重要窗口。学术期刊通常刊载最新的研究成果和学术观点,具有时效性和创新性强的特点。通过阅读学术期刊,教师可以及时了解到国内外同行在相关领域的研究进展和最新成果,从而不断更新自己的知识库,保持与时俱进。这种前沿知识的获取有助于激发教师的创新思维,推动教师在教学实践中进行有益的尝试和探索。此外,阅读专业书籍与学术期刊还能够提升教师的专业素养和批判性思维能力。在阅读过程中,教师需要运用已有的知识和经验对文本进行解读、分析和评价,这不仅能够加深教师对专业知识的理解,还能够培养教师的批判性思维和独立思考能力。这种能力的提升有助于教师在面对复杂多变的教学情境时,更加理性地分析问题、做出决策,提高教学工作的科学性和有效性。

(二)参加在线课程与工作坊

参加在线课程为教师提供了灵活且高效的学习方式。在线课程不受时间和地点的限制,使教师能够根据自身的时间安排和学习需求进行学习。这种学习方式不仅有助于教师及时获取最新的教育理念和教学方法,还能够让教师在学习过程中与国内外同行进行交流和互动,从而拓宽视野,增强专业素养。工作坊作为一种实践性强、参与度高的学习方式,对提升教师的教学实践能力具有积极作用。工作坊通常以小组合作的形式进行,强调教师在实践中的参与和体验。通过工作坊的学习,教师可以亲自参与到教学设计和实施的各个环节中,从而更加深入地理解和掌握相关的教学理论和技能。此外,工作坊还为教师提供了与同行面对面交流和研讨的机会,有助于教师们在实践中发现问题、解决问题,进而提升教学创新能力。参加在线课程与工作坊有助于培养教师的自主学习能力和终身学习习惯。自主学习是教师专业发展的关键能力之一,而在线课程和工作坊的多样性、自主性和互动性特点,能够激发教师的学习兴趣和动力,促使教师主动探索和学习新的知识和技能。这种学习过程不仅有助于教师提升现有的教学水平,还能够为教师未来的专业发展奠定坚实的基础。

(三)追踪英语教育前沿动态

追踪英语教育前沿动态有助于教师及时把握教育改革的方向和趋势。英语教育作为全球化背景下的重要学科,其教学理念、方法和技术不断更新。通过密切关注国内外英语教育领域的最新研究成果、政策动向和实践案例,教师可以第一时间了解到教育改革的新方向、新要求,从而及时调整自己的教学理念和策略,确保教学与时代需求保持同步。追踪前沿动态能够提升教师的专业素养和知识储备。随着语言学、教育学、心理学等相关学科的不断发展,英语教育的理论基础和实践方法也在不断丰富和完善。教师通过追踪前沿动态,可以接触到最新的教育理论和研究成果,不断拓宽自己的知识视野,提升专业素养。这种知识储备的更新和完善,有助于教师在教学实践中更加科学、有效地运用相关理论和方法,提高教学质量。此外,追踪英语教育前沿动态有助于培养教师的创新意识和实践能力。前沿动态往往代表着新的思想、新的方法和新的技术,追踪这些动态能够激发教师的创新意识和探索精神。通过尝试将前沿理念和技术应用于实际教学中,教师可以不断探索新的教学模式和方法,提高自己的教学实践能力。这种创新意识和实践能力的培养,对于推动英语教育的创新与发展具有重要意义。

二、同行交流与合作学习

(一)教研组的互动与合作

教研组的互动与合作有助于构建教师学习共同体。在这个共同体中,教师们可以共享教学资源、交流教学经验、探讨教学问题,从而形成一个相互支持、共同进步的学习环境。这种学习共同体的构建,不仅能够促进教师之间的知识共享和技能传递,还能够激发教师的学习动力和创新精神,推动教师的专业发展。教研组的互动与合作有助于提升教师的教学反思能力。在教研组活动中,教师们通常需要对自己的教学实践进行展示和说明,接受同行的评价和反馈。这种过程能够促使教师更加深入地反思自己的教学理念、教学方法和教学效果,从而发现自身存在的问题和不足,进而加以改进和完善。这种教学反思能力的提升,对于提高教师的教学质量和促进学生的全面发展具有重要意义。此外,教研组的互动与合作还能够促进教师之间的协同创新和知识创造。在教研组活动中,教师们通过深入的交流和研讨,往往能够碰撞出新的思想火花,提出新的教学观点和方法。这种协同创新的过程不仅能够推动教学知识的更新和发展,还能够培养教师的创新意识和团队协作能力,为教师的专业发展注入新的活力。

(二)学术研讨会与经验分享

学术研讨会为教师提供了一个高层次的学术交流平台。在这类活动中,教师们可以接触到前沿的教育理念、研究方法和实践案例,从而不断更新自己的知识库,拓宽专业视野。通过与国内外同行的深入交流,教师们能够了解不同文化背景下的教育实践和挑战,为自己的教学提供新的思路和启示。经验分享环节有助于教师之间实现实践智慧的传递。在教学一线,教师们积累了丰富的实践经验和教学技巧。通过经验分享,这些宝贵的实践智慧得以在教师之间传播和应用,从而提高整个教师群体的教学水平。同时,经验分享还能够激发教师们的创新思维,促使教师们在借鉴他人经验的基础上,结合自身的实际情况,探索出更具创新性和实效性的教学方法。此外,学术研讨会与经验分享活动有助于培养教师的批判性思维和问题解决能力。在研讨会中,教师们不仅需要展示自己的研究成果和实践经验,还需要接受同行的质疑和挑战。这种过程能够锻炼教师们的批判性思维,使其更加理性、客观地看待自己的教学实践和研究成果。同时,通过与同行共同探讨教学问题和挑战,教师们可以学会从不同角度审视问题,提高问题解决的能力。

(三)构建教师学习共同体

构建教师学习共同体有助于形成共享的文化氛围。在教师学习共同体中,教师们秉持着共同的学习目标和发展愿景,通过互相交流、分享资源和经验,形成了一种积极向上、互帮互助的学习氛围。这种文化氛围的营造,不仅能够激发教师的学习热情和动力,还能够增强教师的归属感和认同感,从而更加积极地投入到专业学习和教学实践中。教师学习共同体为教师提供了多样化的学习机会。在传统的教师学习方式中,教师往往是孤军奋战,缺乏与同行深入交流和合作的机会。而教师学习共同体的建立,打破了这种孤立状态,为教师提供了与不同背景、不同经验的同行互动和学习的平台。通过参与共同体的各种活动,教师可以接触到更多的教学资源、教学理念和教学方法,从而不断拓宽自己的知识视野,提升自己的专业素养。构建教师学习共同体有助于促进教师之间的协作与创新。在教师学习共同体中,教师们通过共同研讨、合作实践等方式,共同探讨教学中的问题和挑战,寻求创新的解决方案。这种协作与创新的过程,不仅能够激发教师的创造力和探究精神,还能够培养教师的团队协作能力和解决问题的能力。这对于推动教师专业发展和提升教学质量具有积极的促进作用。此外,教师学习共同体的构建还有助于实现知识的共建与共享。在教师学习共同体中,每位教师都是知识的贡献者和受益者。教师们通过分享自己的教学实践经验、教学成果和教学资源,共同构建起一个丰富的知识库。这种知识的共建与共享过程,不仅能够促进教师之间的知识传递和整合,还能够避免知识的重复开发和浪费,提高整个教师群体的知识水平和教学效率。

三、教学实践与反思

(一)课堂教学中的实验与创新

课堂教学中的实验是教师验证教学理论、探索教学方法有效性的重要手段。在教学实验中,教师有意识地设计和实施新的教学策略、教学模式或教学工具,以观察其对学生学习效果的影响。这种实验过程具有系统性、目的性和可控性,能够帮助教师科学地评估教学方法的优劣,为改进教学提供实证支持。创新是课堂教学实验的核心精神。在传统的教学模式下,教师往往习惯于沿用既定的教学方法和流程,而缺乏创新意识和变革精神。然而,随着教育理念的更新和教育技术的不断发展,教师需要具备创新意识和能力,以应对日益复杂多变的教学环境。在课堂教学实验中,教师通过尝试新的教学理念、运用先进的教育技术、设计独特的教学活动等方式,实现教学方法的创新,从而激发学生的学习兴趣,提高教学效果。

课堂教学中的实验与创新有助于培养教师的批判性思维和问题解决能力。在实验过程中,教师需要对教学现象进行深入观察,对教学问题进行准确诊断,对教学效果进行客观评估。这一过程要求教师具备批判性思维,能够独立思考、分析问题并提出解决方案。同时,通过不断的实验和创新实践,教师可以积累丰富的教学经验,提高解决复杂教学问题的能力。此外,课堂教学中的实验与创新还能够促进教师的专业发展和教师团队的合作。在实验和创新过程中,教师需要不断学习和掌握新的教学理论和技能,这有助于提升教师的专业素养和教学能力。同时,实验和创新往往需要教师之间的协作和交流,这有助于增强教师团队的凝聚力和合作精神,促进教师之间的知识共享和经验传承。

(二)学生反馈与教学调整

学生反馈是评估教学效果的重要依据。在教学过程中,学生的学习体验和感受直接反映了教学的实际效果。通过收集学生的反馈意见,教师可以及时了解学生对教学内容、教学方法以及教学态度等方面的看法和感受,从而全面、客观地评估教学的实际效果,为教学调整提供有力的依据。学生反馈有助于教师发现教学中的问题。在教学过程中,难免会出现一些问题,这些问题可能会影响到学生的学习效果和积极性。通过学生的反馈,教师可以及时发现和识别这些问题,进而分析问题的成因和性质,为教学调整提供明确的方向和目标。

教学调整是提升学生学习效果的关键环节。在收集和分析学生反馈的基础上,教师需要根据学生的实际情况和学习需求,对教学内容、教学方法、教学进度等方面进行及时的调整。这种调整旨在更好地满足学生的学习需求,激发学生的学习兴趣和积极性,从而提升学生的学习效果和学习质量。此外,学生反馈与教学调整还能够促进教师的专业发展和教学改进。通过不断地收集学生反馈、进行教学调整,教师可以不断反思自己的教学理念和方法,积累丰富的教学经验,提升自己的教学能力和专业素养。同时,这种反思和调整过程也有助于教师形成自我监控和自我调节的教学习惯,推动教学持续改进和优化。

(三)教学日志与案例研究

教学日志是教师记录教学过程、反思教学实践的有效手段。通过定期撰写教学日志,教师可以系统地记录自己的教学活动、学生的学习情况、教学中的问题和挑战,以及个人的感受和心得。这种记录对于教师回顾教学过程、发现教学问题、总结教学经验具有极大的帮助。同时,教学日志也是教师与自我对话的过程,有助于培养教师的批判性思维和反思能力,促进教学实践的持续改进。案例研究是教师深入探究教学现象、提升教学实践能力的重要途径。案例研究通常针对具体的教学事件、问题或情境,通过详细的描述、分析和解释,揭示教学现象背后的本质和规律。在案例研究中,教师需要运用专业知识和技能,对教学案例进行深入剖析,提出解决问题的策略和方法。这种过程不仅能够加深教师对教学现象的理解,还能够提升教师的教学问题解决能力和实践创新能力。教学日志与案例研究相互促进,共同推动教师的专业发展。教学日志为案例研究提供了丰富的素材和背景信息,而案例研究则能够进一步深化和拓展教学日志中的反思和发现。通过结合教学日志和案例研究,教师可以更加全面、深入地审视自己的教学实践,发现教学中的问题和不足,提出改进的策略和方法。这种循环往复的过程,有助于教师形成持续反思、不断改进的教学习惯,推动教师的教学实践能力和专业素养不断提升。

第四章　初中英语教师专业学习与教学能力提升

第一节　教学能力的构成与评价

一、教学能力的构成

(一)认知能力

在教学能力的构成中,认知能力是基础和核心要素。它涉及教师如何理解、加工、储存和提取与教学相关的信息,进而影响教师的教学准备、教学设计和教学实施等各个环节。认知能力是教师掌握和运用学科知识的关键。教师需要具备深厚的学科知识基础,这包括对所教学科的基本概念、原理、方法和技能的全面理解和掌握。认知能力的高低直接影响教师能否准确地把握学科知识的内在联系和规律,进而将其转化为易于学生理解和接受的教学内容。认知能力对于教师的教学设计具有重要影响。在教学设计过程中,教师需要根据学生的实际情况和学习需求,选择合适的教学方法、手段和策略。这要求教师必须能够准确地分析学生的学习特点、认知水平和兴趣爱好,从而设计出符合学生认知规律和学习特点的教学方案。教师的认知能力越强,其教学设计的针对性和实效性也越高。此外,认知能力还是教师进行教学反思和自我评价的重要基础。在教学过程中,教师需要不断地对自己的教学实践进行反思和评价,以便及时发现问题并进行改进。认知能力高的教师往往能够更敏锐地察觉自己教学中的不足,更深入地分析问题的成因,并提出有效的改进措施。

(二)设计能力

在教学能力的构成中,设计能力占据着举足轻重的地位。设计能力主要是指教师在准备和实施教学过程中,能够根据教学目标、学生特点以及教学环境等因素,科学合理地设计教学方案、教学活动和教学评价的能力。设计能力是教学目标实现的重要保障。教师需要通过精心设计教学方案,将抽象的教学目标转化为具体、可操作的教学活动和任务。这不仅要求教师准确理解教学目标的内涵和要求,还需要教师具备将目标细化、分解并融入各个教学环节中的能力。只有这样,才能确保学生在参与教学活动的过程中,能够逐步达到预设的教学目标。设计能力是提升教学效果的关键。教师需要根据学生的年龄、认知特点、兴趣爱好等因素,设计出具有趣味性、启发性和层次性的教学活动。同时,教师还需要关注教学过程的逻辑性和连贯性,确保学生在参与活动的过程中能够形成系统的知识结构和技能体系。此外,设计能力还是教师创新教学方法、优化教学资源配置的重要手段。随着教育技术的不断发展和教学理念的不断更新,教师需要具备创新意识和变革精神,积极探索和尝试新的教学方法和手段。通过教学设计,教师可以对现有的教学资源进行整合和优化,充分发挥其在教学中的辅助作用。同时,教师还可以借助教学设计,将新的教学理念和技术融入教学实践中,从而推动教学的持续改进和创新发展。

（三）传播能力

在教学能力的构成中,传播能力是一种至关重要的能力。它涉及教师如何有效地将知识、技能和价值观传递给学生,以及如何与学生进行有效的沟通和交流。传播能力不仅影响着教学质量,还直接关系学生学习效果的好坏。传播能力是教师传播知识的基础。在教学过程中,教师需要通过语言、文字、图像等多种媒介,将学科知识和相关信息准确、清晰地传达给学生。这要求教师具备扎实的语言功底和良好的沟通能力,能够用简洁明了的语言解释复杂的概念,用生动的案例阐述抽象的原理,从而帮助学生理解和掌握所学知识。传播能力对于师生之间的互动和交流具有重要意义。一个优秀的教师不仅能够传授知识,还能够倾听学生的声音,理解学生的需求和困惑,并给予及时的回应和指导。通过有效的传播和互动,教师可以激发学生的学习兴趣,调动学生的学习积极性,促进师生之间的信任和合作,从而营造出良好的教学氛围。此外,传播能力还是教师运用现代教育技术的重要支撑。随着信息技术的快速发展,多媒体教学、网络教学等现代化教学手段越来越广泛地应用于教育领域。教师需要不断学习和掌握这些技术,将其与教学内容相结合,以提高教学效果和传播效率。这要求教师不仅要具备扎实的教学基本功,还要具备一定的信息素养和技术应用能力。

（四）组织能力

在教学能力的构成中,组织能力是一项核心且综合性的能力。它涉及教师对教学活动、教学资源以及学生学习的整体规划和有效管理,以确保教学过程的顺利进行和教学目标的达成。组织能力体现在教师对教学活动的精心策划上。一个优秀的教师能够根据学生的实际情况、学科特点以及教学环境,制订出切实可行的教学计划。这包括明确教学目标、选择合适的教学内容和方法、设计有效的教学活动以及预测可能的教学问题等。通过周密的策划,教师能够确保教学活动的连贯性和高效性,从而引导学生系统地学习和发展。组织能力还体现在教师对课堂管理的驾驭能力上。教师需要构建一个积极、有序的学习环境,使学生能够专注于学习并积极参与课堂活动。这要求教师具备良好的课堂管理能力,包括制定合理的课堂规则、有效管理学生的行为、灵活应对突发情况等。通过有序的课堂管理,教师能够维持教学秩序,提高学生的学习效率,并促进学生的自律和自主发展。此外,组织能力还涉及教师对教学资源的整合和利用。教师需要根据教学需求,合理选择和配置各种教学资源,包括教材、教辅资料、多媒体设备、网络资源等。通过有效整合和利用这些资源,教师能够丰富教学内容,提升教学手段的多样性,从而激发学生的学习兴趣和积极性。

(五)交往能力

在教学能力的构成中,交往能力是一种至关重要的能力,它涵盖了教师与学生、同事、家长以及其他教育相关者之间的有效沟通和互动。交往能力对于建立良好的教学关系、促进学生的学习发展以及实现教育目标具有举足轻重的作用。交往能力有助于构建积极的师生关系。教师是学生学习过程中的重要引导者,而良好的师生关系是学生学习动机和积极参与课堂活动的关键。通过具备交往能力,教师能够倾听学生的声音,理解学生的需求和感受,从而建立起一种信任、尊重和支持的师生关系。这种关系不仅能够提高学生的学习兴趣和自信心,还有助于培养学生的自主学习和合作学习能力。交往能力对于促进教师与同事之间的合作与专业发展具有重要意义。在教育工作中,教师需要与同事进行密切的合作,共同研究教学问题、分享教学经验和资源。通过有效的交往,教师能够建立良好的同事关系,促进彼此之间的专业成长和进步。这种合作不仅有助于提升整个教师团队的水平,还能够为学生创造更加优质和多样化的学习环境。此外,交往能力还是教师与家长之间沟通的重要桥梁。家长是学生学习的重要支持者,对学生的期望、需求以及家庭背景等信息对于教师制定个性化教学方案至关重要。通过具备交往能力,教师能够与家长进行有效的沟通,了解家长的想法和关切,从而更好地满足学生的学习需求并促进家校共育。

二、教学能力的评价

(一)教学评价原则

1. 客观性原则

在教学评价中,客观性原则是一项至关重要的基本原则。它要求在进行教学评价时,评价者必须从客观实际出发,以客观的标准和方法来衡量与评价教学活动的效果,避免主观臆断和个人情感的插入。客观性原则的核心在于确保教学评价的公正性和准确性。这意味着评价者在评价过程中应尽可能排除个人偏见、喜好或情感因素的影响,依据明确、具体的评价标准,以及科学、可靠的评价工具来收集和分析教学数据。只有这样,评价结果才能真实反映教学的实际情况,为改进教学提供有效依据。

贯彻客观性原则需要建立一套科学、合理且可操作的教学评价体系,其中应包括明确的教学目标和评价标准。这些标准应该是可衡量的,以便能够准确评估教学活动是否达到预期目标。客观性原则要求采用多元化的评价方法,包括定量评价和定性评价相结合,以及形成性评价和总结性评价的相互配合。这样可以更全面地收集教学信息,减少评价的片面性和偶然性。此外,客观性原则还强调评价过程的透明性和公开性。评价者应清晰、明确地阐述评价的标准、方法和程序,以便被评价者和其他相关人员能够了解评价的依据和过程,这有助于增强评价结果的可信度和说服力。

2. 全面性原则

在教学能力的教学评价中,全面性原则是一个关键的评价原则。它要求评价者在进行教学评价时,必须全面考虑教学活动的各个方面,确保评价结果的全面性和整体性。这一原则强调评价过程中不应只关注某一特定方面或局部表现,而是要对教学过程中的所有相关要素进行综合评价。全面性原则的实现需要评价者具备全局观念,能够深入理解教学活动的复杂性和多维性。评价过程中,应充分考虑教学目标、教学内容、教学方法、教学资源、师生互动、学生表现等多个层面,以及它们之间的相互关系和影响。同时,还要关注教学活动的长期效果和持续发展,而不仅仅是短期内的表现。

3. 多样性原则

在教学能力的教学评价中,多样性原则是一个重要的指导原则。它强调在评价过程中应采用多种方法和工具,以全面、准确地反映教师的教学能力和效果。这一原则的认识基于教学本身的复杂性和多样性,以及学生个体差异的考虑。多样性原则体现在评价方法的多元化上。教学评价不应仅依赖于单一的考试分数或标准化的测试,而应结合观察、问卷调查、教师自评、同行评议、学生反馈等多种方法。这样的综合评价能够更全面地揭示教师的教学风格、课堂管理能力、学科知识掌握程度以及与学生的互动情况。多样性原则还体现在评价内容的丰富性上。除了关注教师的教学技能和知识传授能力外,还应考察教师的创新能力、教学反思能力、教育技术应用能力等方面。这些能力的评价有助于更全面地了解教师的教学水平和发展潜力。此外,多样性原则也强调在评价过程中要尊重学生的个性差异和学习风格。每个学生都是独一无二的个体,学习方式、速度和兴趣点都有所不同。因此,教学评价应充分考虑这些因素,采用个性化的评价标准和方法,以确保评价的公正性和有效性。

(二)教学评价的指标体系

1.教学效果的评价指标

在教学能力的教学评价指标体系中,教学效果的评价指标是衡量教师教学实践成果的关键要素。它旨在科学、客观地评估教师的教学活动对学生学习产生的实际效果,从而反映教师的教学质量和水平。教学效果的评价指标应关注学生的学习效果。这包括学生对知识的理解和掌握程度、技能的提升以及学习态度的改善等。通过对比学生在教学前后的变化,可以直观地反映教师的教学效果。例如,学生的学业成绩提升、学习兴趣增强、自主学习能力提高等,都是衡量教学效果的重要指标。教学效果的评价指标还应关注教师的教学方法和策略。有效的教学方法和策略能够激发学生的学习兴趣,提高学生的学习积极性,从而促进学生的学习效果。因此,评价教学效果时,应考查教师是否采用了恰当的教学方法和策略,是否能够根据学生的实际情况和学习需求进行灵活调整。此外,教学效果的评价指标还应包括教师的教学态度和职业素养。教师的教学态度直接影响着学生的学习态度和学习效果。一个认真负责、关爱学生的教师,往往能够赢得学生的信任和尊重,从而激发学生的学习兴趣和学习动力。同时,教师的职业素养也是衡量教学效果的重要指标之一。具备高尚职业道德和良好职业素养的教师,不仅能够为学生树立良好的榜样,还能够为学生的全面发展提供有力的支持。

2. 教学态度的评价指标

在教学能力的教学评价指标体系中,教学态度是一个至关重要的维度。教学态度不仅关乎教师个人的职业素养,更直接影响着学生的学习体验和教学效果。因此,科学、客观地评价教师的教学态度,对于提升教学质量、促进教师专业发展具有重要意义。教学态度的评价指标主要包括教师的敬业精神、对学生的尊重与关爱,以及教学过程中的认真负责程度等。敬业精神是评价教师教学态度的重要指标之一。一个具备敬业精神的教师,会全身心投入到教学工作中,时刻保持高度的责任感和使命感,为学生提供优质的教学服务。教师对学生的尊重与关爱也是评价教学态度的重要指标。教师应该尊重每一个学生的个性、兴趣和学习需求,关注学生的成长和发展,为学生提供温暖、支持的学习环境。这种尊重与关爱不仅有助于建立良好的师生关系,还能激发学生的学习动力,提高学习效果。教学过程中的认真负责程度是评价教师教学态度的又一关键指标。认真负责的教师会精心备课,注重课堂管理的细节,及时批改作业并给予反馈,以及关注学生的课后辅导等。这些细致入微的工作都体现了教师的教学态度,也直接影响着学生的学习效果和学业成就。此外,教学态度的评价指标还应包括教师的创新精神和自我提升意愿。具备创新精神的教师会不断探索新的教学方法和手段,以激发学生的学习兴趣和创造力。同时,自我提升意愿强的教师会持续学习新知识、新技能,不断完善自己的教学能力,以更好地满足学生的学习需求。

3. 教学方法的评价指标

在教学能力的教学评价指标体系中,教学方法的评价指标占据着举足轻重的地位。教学方法是教师传递知识、培养学生技能和价值观的手段和途径,其选择与运用直接关系到教学效果的好坏以及学生学习体验的优劣。因此,对教学方法进行科学、全面的评价,是提升教学质量、促进教师专业成长的关键环节。教学方法的评价指标主要包括方法的多样性、灵活性、适应性、创新性和实效性等方面。方法的多样性指的是教师在教学过程中能否根据教学内容和学生特点,采用多种不同的教学方法,如讲授法、讨论法、案例分析法、实验法等,以激发学生的学习兴趣,满足不同学生的学习需求。方法的灵活性体现在教师能否根据教学过程中的实际情况,及时调整教学方法,以应对突发状况或学生反馈。一个灵活的教师能够敏锐地捕捉学生的学习状态,及时调整教学策略,确保教学的顺利进行。方法的适应性强调教学方法是否与教学目标、教学内容以及学生特点相匹配。教师应根据学生的年龄、认知水平和兴趣爱好等因素,选择最适合的教学方法,以实现教学效果的最大化。方法的创新性也是评价教学方法的重要指标之一。创新的教学方法能够突破传统教学的束缚,为学生带来全新的学习体验。教师应具备创新意识和创新能力,不断探索和尝试新的教学方法,以激发学生的学习兴趣和创造力。此外,方法的实效性是评价教学方法的核心指标。无论教学方法多么新颖、多样,最终都要落实到教学效果上。一个优秀的教学方法应该能够显著提高学生的学习成绩、提升学生的综合素质,促进学生的全面发展。

第二节 初中英语教师专业学习对教学能力的影响

一、丰富教师的教学理论知识和技能

(一)丰富教师教学理论知识

教学理论知识是构成教师教学能力基础的重要元素,对于初中英语教师而言,通过专业学习来不断丰富和完善自身的教学理论知识,是提升教学能力的关键途径。专业学习能够帮助初中英语教师构建系统的教学理论体系。通过深入学习教育学原理、语言学理论以及英语教学方法论等,教师能够更清晰地理解英语教学的本质、目标和规律,从而形成科学的教学理念,指导自己的教学实践。专业学习有助于初中英语教师更新和拓展教学理论知识。随着教育领域的不断发展和语言学研究的深入,新的教学理论和观点层出不穷。通过专业学习,教师能够及时接触到这些前沿理论,把握英语教学的最新动态,从而不断更新自己的知识库,保持教学的时代性和先进性。丰富的教学理论知识能够为初中英语教师的教学实践提供有力支撑。理论知识是实践的基石,只有具备了扎实的教学理论知识,教师才能够在设计教学方案、选择教学方法、组织教学活动时更加得心应手,提高教学的针对性和实效性。此外,教学理论知识的丰富还能够促进初中英语教师的专业成长和自我提升。当教师具备了深厚的教学理论知识储备时,更能够对自己的教学实践进行深入的反思和总结,发现问题并寻求改进之道,从而实现教学能力的持续提升。

(二)丰富教师教学技能

教学技能是教师执行教学任务、达成教学目标的关键能力,对于初中英语教师而言,通过专业学习来丰富和提升自身的教学技能,对于提高整体教学质量具有至关重要的作用。专业学习为初中英语教师提供了广泛的教学技能培训。这些培训通常涵盖多个方面,如课堂管理、学生互动、教学方法运用等。通过参与这些培训,教师能够接触到更多实用的教学技巧,了解如何更有效地组织和管理课堂,激发学生的学习兴趣,以及如何应对教学中的各种挑战。专业学习有助于初中英语教师掌握现代化的教学技能。通过专业学习,教师能够熟练掌握这些现代教学技能,将其融入日常教学中,从而丰富教学手段,提高教学效果。例如,利用多媒体技术制作生动的课件,能够更直观地展示教学内容,吸引学生的注意力;通过网络教学平台,能够为学生提供更便捷、富有个性化的学习体验。专业学习还能够提升初中英语教师的教学创新能力。在专业学习的过程中,教师会接触到各种新的教学理念和教学方法,这些都会激发教师的教学创新思维。通过实践和创新,教师能够不断尝试和改进自己的教学方式,以适应不同学生的学习需求,从而提高教学效果。此外,教学技能的丰富也有助于增强初中英语教师的教学自信。当教师具备了多样且有效的教学技能时,会更加自信地面对各种教学场景和挑战,这种自信也会传递给学生,从而营造出更加积极、和谐的学习氛围。

二、增强教师的教学设计和实施能力

教学设计和实施能力是初中英语教师教学能力的核心组成部分。通过专业学习,教师能够显著增强这两方面的能力,从而提高教学质量,实现教育目标。

(一)增强教师的教学设计能力

教学设计能力是初中英语教师教学能力的核心要素之一,它涉及教学目标的设定、教学内容的选择与组织、教学方法与手段的运用以及教学评价的实施等多个环节。通过专业学习,初中英语教师可以显著增强自身的教学设计能力,从而提升教学效果和学生学习成效。专业学习有助于教师深入理解教学设计的基本原理和理念。教师可以通过学习教学设计理论,掌握教学设计的基本框架和流程,明确教学设计的目标是优化教学过程、提高学生学习效果。这种深入理解能够帮助教师形成科学的教学设计观念,指导其在实际教学中的设计实践。专业学习能够为教师提供丰富的教学设计资源和案例。教师可以学习借鉴优秀的教学设计案例,了解不同教学主题和情境下的设计思路和方法。这些资源和案例的积累可以拓宽教师的教学设计视野,激发其创新设计的灵感,提高教学设计的针对性和实用性。专业学习能够培养教师运用多种教学方法和手段的能力。教师可以学习并掌握多样化的教学方法,如项目式学习、情境教学、合作学习等,以及运用现代信息技术手段辅助教学的能力。这些教学方法和手段的运用能够使教学设计更加生动有趣,激发学生的学习兴趣和积极性,提高教学效果。专业学习还能够提升教师的教学评价能力,以完善教学设计。教师可以通过学习了解教学评价的基本理论和方法,掌握科学有效的评价工具和手段,对教学过程和学习效果进行全面客观的评价。这种评价能力的提升有助于教师及时发现教学设计中的问题和不足,并进行针对性的改进和优化,从而提高教学设计的有效性和可靠性。

(二)增强教师的教学实施能力

教学实施能力是教师在实际教学过程中展现出的执行能力,它直接关系到教学效果和学习效果。对于初中英语教师而言,专业学习是提升教学实施能力的关键途径,专业学习有助于教师准确理解和把握课程标准与教材。通过深入学习教育教学理论和专业知识,教师能够更加透彻地理解英语学科的核心素养和课程目标,从而在实际教学中更加准确地把握教材的重点和难点,确保教学的针对性和有效性。专业学习能够提升教师的教学策略运用能力。在专业学习过程中,教师会接触到各种先进的教学理念和教学方法,如情境教学、任务型教学、合作学习等。专业学习有助于增强教师的教学组织和管理能力。一个优秀的教师不仅要有扎实的专业知识,还要具备良好的教学组织能力。通过专业学习,教师可以学习到如何有效地组织和管理课堂,包括课堂纪律的维护、学生活动的组织、教学进度的掌控等,从而确保教学的有序进行。此外,专业学习还能够提升教师的教学应变能力。在实际教学中,难免会遇到各种突发情况和教学挑战。通过专业学习,教师可以培养快速应对教学变化的能力,及时调整教学策略,确保教学的顺利进行。

三、促进教师自我反思与发展

教师的自我反思与发展是教学能力提升的重要驱动力,而专业学习则为这一过程提供了关键的支持和引导。对于初中英语教师而言，专业学习不仅意味着学科知识和教学技能的更新，更是一个促进自我反思、实现专业成长的宝贵机会。

(一)促进教师自我反思

自我反思是教师专业发展的重要环节，它指教师对自己的教学实践进行深入的思考、评价和改进的过程。对于初中英语教师而言，专业学习不仅是获取新知识和技能的途径，更是一个促进自我反思、提升教学能力的有力平台。专业学习为教师提供了自我反思的契机。在参与专业学习的过程中，教师需要回顾自己的教学实践，与理论知识和先进教学理念进行对比，从而发现自身存在的不足和需要改进的地方。这种回顾和对比的过程，本质上就是一种自我反思。专业学习丰富了教师自我反思的内容。教育教学理论、教学方法、课堂管理等都是教师专业学习的重要组成部分。通过学习这些内容，教师可以从多个角度审视自己的教学实践，思考如何在教学中更好地运用理论知识、优化教学方法、提高课堂管理效率等。这种多维度的反思，有助于教师更全面地了解自己的教学状况，为改进教学提供有力支持。专业学习提升了教师自我反思的能力。通过专业学习，教师可以掌握更多的反思方法和技巧，如教学日志、教学观摩、同伴互助等。这些方法的运用，能够使教师的反思更加深入、系统，从而提高反思的实效性。同时，专业学习中的交流和讨论也能激发教师的思维火花，促使其从更广阔的视野进行反思，拓展反思的深度和广度。

(二)促进教师自我发展

教师的自我发展是指教师在职业生涯中，通过不断学习和实践,实现自身专业素养和教学能力的提升。对于初中英语教师而言,专业学习在促进教师自我发展方面发挥着至关重要的作用。专业学习为初中英语教师提供了持续学习的机会。专业学习为教师提供了系统的、有针对性的学习资源和平台,使其能够接触到最新的教育教学理念、方法和技能,从而不断更新自己的知识库,为自我发展奠定坚实的基础。专业学习有助于初中英语教师构建专业身份和认同感。通过专业学习,教师能够更深入地了解自己所从事的职业,明确自己的专业定位和发展方向。这种对专业的深入理解和认同,能够激发教师的职业热情和自豪感,促使教师更加积极地投入到教学工作中,实现自我价值的提升。专业学习能够培养初中英语教师的自主发展意识和能力。在专业学习过程中,教师需要自主制订学习计划、选择学习内容、监控学习过程并评估学习效果。这种自主性的学习方式能够培养教师的自主发展意识和能力,使教师能够根据自己的实际情况和需求,制订个性化的专业发展计划,实现自我发展的目标。专业学习还能够促进初中英语教师的交流与合作。在专业学习过程中,教师有机会与同行进行深入的交流和讨论,分享彼此的教学经验和心得。这种交流与合作不仅能够拓宽教师的视野,激发新的教学灵感,还能够促进教师之间的互助与成长,形成积极向上的学习氛围。此外,专业学习对初中英语教师自我发展的促进还体现在教师的职业生涯规划上。通过专业学习,教师能够更清晰地认识自己的优势和不足,从而合理规划自己的职业发展路径。这种规划不仅有助于教师实现个人的职业目标,还能够为学校和教育系统培养更多优秀的教学人才。

（三）培养终身学习习惯

终身学习习惯是教师专业发展的重要保障,也是提高教学能力的持续动力。对于初中英语教师而言,专业学习不仅是提升教学水平的关键途径,更是培养终身学习习惯的重要过程。专业学习强化了教师的终身学习意识。在快速变化的教育环境中,教师需要不断更新知识,才能跟上教育发展的步伐。通过专业学习,初中英语教师会意识到学习是一个持续不断的过程,从而树立起终身学习的观念,将学习视为职业生涯中不可或缺的一部分。专业学习为教师提供了多样化的学习资源和平台。在专业学习过程中,教师可以接触到丰富的学习材料、在线课程、教育研讨会等,这些资源能够满足教师不同阶段、不同领域的学习需求。这种多样化的学习方式不仅使学习变得更加便捷和高效,也激发了教师探索新知识的兴趣,促使教师养成主动学习的习惯。专业学习培养了教师的自主学习能力。自主学习能力是终身学习习惯的核心,它使教师能够根据自己的需求和目标,自主地规划学习进程、选择学习方法、监控学习效果。在专业学习过程中,教师需要独立完成学习任务,解决学习中遇到的问题,这种自主学习的经历有助于培养教师的自主学习能力,为终身学习奠定坚实基础。此外,专业学习还通过实践应用巩固了教师的终身学习习惯。教师在专业学习中学到的知识和技能,需要通过教学实践进行应用和检验。这种实践应用的过程不仅加深了教师对专业知识的理解,也使教师体验到了学习的实际成效,从而增强了终身学习的动力。

四、提高教师的教育教学研究能力

教育教学研究能力是初中英语教师专业素养的重要组成部

分,也是其教学能力得以持续提升的关键。通过专业学习,教师可以显著提高自身的教育教学研究能力,进而对教学实践产生深远影响。

(一)专业学习能够培养初中英语教师的科研意识和科研精神

随着教育改革的不断深化,教师的角色逐渐从单纯的知识传授者转变为教育教学的研究者和创新者。对于初中英语教师而言,专业学习不仅是提升教学技能的过程,还是培养科研意识和科研精神的重要途径。专业学习有助于初中英语教师树立科研意识。科研意识是教师进行教育教学研究的前提和基础。通过专业学习,教师可以接触到更多的教育教学理论和前沿研究成果,从而认识到科研在教育教学中的重要性和价值。这种认识能够激发教师探索教育教学规律的热情,促使教师主动关注教学中的问题,进而形成科研的意识。专业学习能够培养初中英语教师的科研精神。科研精神是一种严谨、求真、务实、创新的精神品质。在专业学习过程中,教师需要学习如何运用科学的方法进行研究设计、数据收集与分析、论文撰写等科研活动。这些活动不仅要求教师具备扎实的专业知识,还要求教师具备严谨的科研态度和勇于创新的精神。通过参与这些科研活动,教师可以逐渐培养出科研精神,形成科学的教学思维方式。专业学习为初中英语教师提供了科研实践的机会。在专业学习中,教师可以结合自己的教学实践,选择感兴趣的课题进行研究。通过实践研究,教师可以亲身体验科研的全过程,了解科研的基本规范和操作方法,从而加深对科研的理解和认识。这种科研实践的经历不仅能够提升教师的科研能力,还能够增强教师的科研自信心和成就感。

(二)专业学习能够为初中英语教师提供科研方法和技能的训练

随着教育的不断发展和教学改革的深入推进,教师不仅需要具备扎实的教学基本功,还需要拥有一定的科研能力,以支持其在教学实践中的创新和提升。对于初中英语教师而言,专业学习不仅是提高教学水平的途径,还是获取科研方法和技能的重要渠道。专业学习为初中英语教师提供了系统的科研方法训练。科研方法是进行科学研究的基础,它涉及问题的提出、假设的设立、数据的收集与分析、结论的得出等多个环节。在专业学习过程中,教师可以通过学习掌握各种定量和定性的研究方法,如问卷调查、实验研究、案例分析等,从而能够针对教学中的实际问题,选择合适的研究方法进行科学探索。专业学习强化了初中英语教师的数据分析和处理能力。在现代教育研究中,数据扮演着至关重要的角色。教师需要具备从大量数据中提取有效信息、进行准确分析的能力。专业学习通常包括统计学、数据分析等课程,这些课程能够帮助教师掌握数据处理的基本技巧,提高教师运用数据支持教学研究的能力。专业学习培养了初中英语教师的文献综述能力。文献综述是科研工作的起点,它要求教师对已有研究进行全面的梳理和评价,以明确自己的研究空间和价值。通过专业学习,教师可以学会如何有效地检索、筛选和整理文献,撰写高质量的文献综述,为后续的科研工作奠定坚实的基础。此外,专业学习还提升了初中英语教师的论文撰写和学术交流能力。论文撰写是科研成果的重要输出形式,它要求教师具备清晰的逻辑思维、严谨的论证过程和规范的学术表达。同时,学术交流能力则使教师能够在学术会议、研讨会等场合有效地展示自己的研究成果,与同行进行深入的交流和讨论。这些能力的提升,不仅有助于教师更好地传播自己的科研成果,还能够促进教育领域的学术进步。

第三节　初中英语教师教学能力提升路径与方法

一、初中英语教师提升教学能力的专业学习路径探索

(一)学历教育的深化

1.硕士学位进修

随着全球教育的不断改革与发展,初中英语教师面临着前所未有的挑战。为了应对这些挑战并持续提升自身的教学能力,许多教师选择通过硕士学位进修来深化专业学习和实践。硕士学位进修对于初中英语教师而言,不仅是一次学历提升的机会,更是一个全面、系统地深化教育教学理论与实践的过程。通过硕士学位的进修,教师可以更加深入地掌握英语学科的前沿知识,了解国内外先进的教育教学理念和方法,从而为提升教学能力奠定坚实的基础。硕士学位进修的课程设置通常涵盖了理论与实践两大方面。在理论方面,课程通常包括语言学理论、二语习得理论、教育心理学等,这些理论知识有助于教师更加科学地认识英语教学过程,为教学实践提供指导。在实践方面,课程通常包括教学设计、课堂管理、教学评价等,这些实践技能的培养有助于教师更加有效地组织课堂教学,提高教学效果。硕士学位进修通常为学员提供了丰富的学术交流机会,如参加学术会议、研讨会等。这些学术交流活动有助于教师拓宽视野,了解最新的教育教学动态,激发创新

思维。同时,通过与同行专家的交流,教师可以获得宝贵的教学经验和建议,为提升教学能力提供有益的借鉴。完成硕士学位进修后,初中英语教师不仅获得了更高的学历背景,还具备了更加全面和深入的专业知识和技能,这将有助于教师在职业生涯中取得更好的发展机会,如晋升职称、承担更重要的教学任务等。同时,随着教学经验的不断积累和教学能力的持续提升,教师将成为初中英语教育领域的领军人物,为培养更多优秀的英语人才做出更大的贡献。

2. 教育博士学位攻读

教育博士学位攻读是针对已有丰富教育实践经验的教育工作者所设计的高层次学术训练。它旨在培养学者型、研究型的教师和教育领导者,使其能够在理论与实践之间架起桥梁,推动教育教学的创新与发展。对于初中英语教师而言,攻读教育博士学位意味着从实践者向研究者的转型,是从教学技能的提升到教育理念的升华。教育博士学位课程通常涵盖教育研究方法、教育心理学、课程与教学论等核心领域,以及针对特定学科或教育问题的选修课程。对于初中英语教师来说,这些课程能够提供系统的学科知识更新、先进的教学理论探讨和深入的教育研究方法训练。通过课程学习,教师能够加深对英语教学规律的理解,掌握科学的教学设计和评估方法,从而提升其教学实践的针对性和有效性。在攻读教育博士学位的过程中,教师将接触到来自不同背景的学术同行和导师资源。这些成员间的交流与合作,能够为教师提供多元的教学视角和宝贵的实践经验。通过与同行和导师的深入交流,教师能够不断拓宽教学思路,汲取新的教学灵感,实现教学能力的跨越式发展。教育博士学位攻读的最终成果往往体现在学术论文或教育研究报告中。这些成果不仅是教师学术研究的结晶,也是其教学能力提升的有力证明。通过学位成果的撰写与展示,教师能够系统总结自己在教学实践中的经验与教训,提炼出具有创新价值的教学观点和方法,从而为其未来的教学生涯奠定更加坚实的基础。

(二)非学历教育的拓展

1. 校本研修与同伴互助

校本研修是以学校为基础,以教师为主体,以解决教育教学实际问题为导向的一种研修模式。它强调教师在实践中学习,通过学习改进实践,从而实现教学能力的持续提升。对于初中英语教师而言,校本研修更贴近实际,研修内容紧密围绕学校的教学实际和学生的学习需求,有助于教师解决教学中的真实问题。研修形式可以根据学校的具体情况和教师的需求进行灵活调整,包括研讨、观摩、实践等多种形式。通过研修活动,教师可以对自己的教学实践进行深入反思,从而发现不足,寻求改进。

同伴互助是指教师在教育教学过程中,通过和同伴的交流与合作,共同解决问题,促进彼此的专业成长。同伴互助有助于教师之间形成积极的学习氛围,促进知识的共享与经验的交流。在教学过程中遇到困难和挫折时,同伴的鼓励和支持能够增强教师的信心和动力。同伴之间可以共享教学资源、教学经验和教学策略,从而丰富教学内容和手段。针对教学中的共性问题或难题,同伴之间可以组建研究小组进行合作研究,共同寻找解决方案。

2. 网络学习与远程培训

随着信息技术的迅猛发展和教育现代化的不断推进,网络学习与远程培训已成为初中英语教师提升教学能力的重要途径。这种新型的学习方式以其灵活性、便捷性和高效性受到越来越多教师的青睐。网络学习与远程培训打破了传统学习的时空限制,教师可以根据自己的时间安排和学习需求,随时随地进行学习,有效解决了工学矛盾。网络学习平台提供了海量的教学资源,包括优质课程、教学案例、专家讲座等,教师可以根据自己的需要选择学习内容,实现资源的最大化利用和共享。网络学习与远程培训能够根据教师的学习风格和进度提供个性化的学习路径,满足教师的个性化学习需求,提升学习效果。

通过网络学习与远程培训,初中英语教师可以及时接触到最新的教育教学理念,了解英语教育改革的前沿动态,从而更新自己的教学观念,提高教学质量。网络学习与远程培训提供了丰富的教学技能培训课程,包括教学设计、课堂管理、教学评价等,教师可以通过学习这些课程,提升自己的教学技能,优化课堂教学。网络学习平台上的多元化资源有助于初中英语教师整合跨学科知识,拓宽教学视野,从而能够在教学中更好地培养学生的综合素养。网络学习与远程培训为教师提供了便捷的交流与合作平台,教师可以与来自不同地区的同行进行在线研讨、经验分享,共同解决教学中的问题,促进教学能力的提升。

3. 国内外访学与学术交流

在国内外教育交流日益频繁的当下,国内外访学与学术交流为初中英语教师提供了宝贵的学习与成长机会。这种学习路径不仅有助于教师拓宽教育视野,吸收先进教学理念,还能够促进其教学能力的显著提升。国内外访学是指教师前往国内外知名教育机构进行短期或长期的学习与研修。对于初中英语教师而言,通过访学,教师可以亲身感受不同国家或地区的教育环境,了解其教育制度、教学方法和课程体系,从而拓宽自己的教育视野,为教学创新提供灵感。国内外知名教育机构往往是教学理念的引领者。通过访学,教师可以直接接触并学习这些先进的教学理念,如学生中心的教学、项目式学习等,进而将这些理念融入自己的教学实践中。访学期间,教师可以观摩当地教师的课堂教学,学习其教学技巧和方法。同时,还有机会参与各种教学研讨会和工作坊,与同行进行深入交流,共同提升教学技能。

学术交流是教师专业成长的重要途径之一。通过参与国内外学术会议、研讨会等活动,初中英语教师可以与来自世界各地的教育专家、学者进行面对面的交流与探讨。学术交流活动往往汇聚了最新的教育研究成果和学术思想。通过参与这些活动,教师可以及时了解学术前沿动态,把握教育发展的脉搏。在学术交流中,教师需要与专家、学者进行深入的探讨与交流。这一过程不仅有助于教师提炼自己的观点与见解,还能够锻炼其批判性思维和创新能力,从而提升其整体研究水平。参与国际学术交流活动可以让教师接触不同文化背景下的教育理念,拓宽其国际视野。这对于培养具有全球意识和跨文化交际能力的学生具有重要意义。

二、初中英语教师提升教学能力的专业学习方法实践

(一)自主学习法

1. 自我导向的学习计划

自我导向的学习计划是初中英语教师专业发展的重要途径,它强调教师的自主性和主动性,鼓励教师根据自身需求和环境条

件,制定个性化的学习方案,以实现教学能力的持续提升。

自我导向学习建立在成人学习理论的基础之上,认为成人学习者具有自我指导、自我负责的学习特点。对于初中英语教师而言,这意味着教师能够根据自身的职业发展需求,自主选择学习内容、设定学习目标、制订学习计划,并监控学习过程,评估学习效果。教师首先需要对自身的教学能力进行全面的自我评估,识别出存在的短板和需要提升的领域,这是制订有效学习计划的前提。基于需求分析的结果,教师应设定具体、可衡量、可实现、相关性强且时限明确的学习目标。这些目标不仅指导学习过程,而且是评估学习效果的重要依据。教师需要根据学习目标,自主选择合适的学习资源,包括教材、网络课程、教育研究文献等,以确保学习内容的针对性和有效性。合理的时间规划是自我导向学习计划成功的关键。教师需要平衡工作、生活和学习的时间分配,确保有足够的时间和精力投入到学习中。

2. 学习资源的有效利用

随着信息技术的迅猛发展和教育改革的不断深入,初中英语教师的学习资源日益丰富多样。如何有效利用这些学习资源,成为提升教师教学能力的关键。教师应根据个人的学习目标、教学需求以及学生的实际情况,有针对性地选择学习资源。这些资源可以包括教材、教辅书籍、在线课程、教育研究文献、多媒体素材等。在选择过程中,教师应注重资源的权威性、时效性和实用性,确保所选资源能够对教学产生积极影响。在选出合适的学习资源后,教师需要对这些资源进行整合和优化。整合是指将不同来源、不同类型的资源进行有机结合,形成一个系统、完整的学习资源体系。优化则是对资源进行筛选、加工和再创造,使其更加符合教学需求和学生特点。通过整合与优化,教师可以提高学习资源的利用效率,实现教学效果的最大化。除了选择和整合学习资源外,教师还应积极探索学习资源的创新应用方式。例如,可以利用多媒体技术制作富有创意的教学课件,通过音频、视频等形式激发学生的学习兴趣;也可以利用网络平台开展线上线下相结合的混合式教学,拓展学生的学习空间和时间。这些创新应用方式不仅能够提升学生的学习兴趣和效果,还能够促进教师自身的专业发展。

(二)合作学习法

1. 教师学习共同体的构建

教师学习共同体作为教师专业发展的重要平台,对于初中英语教师提升教学能力具有显著意义。教师学习共同体,顾名思义,是由一群教师组成的,以共同学习和成长为目标的群体。在这个群体中,教师们基于共同的教学理念或兴趣,通过分享经验、交流想法、合作研究等方式,相互促进,共同提升教学能力。这种学习模式突破了传统的个体学习方式,强调教师之间的互助与合作,为教师专业成长提供了更为广阔的空间。

在教师学习共同体中,每位教师都是宝贵的知识资源。通过构建共同体,可以搭建一个有效的平台,促进教师之间的知识共享和经验交流,从而加速教学智慧的积累和传播。共同体中的教师具有不同的教学背景,拥有多样化的教学经验和视角。这种多样性有助于激发教师的创新思维,促使教师在相互碰撞和启发中产生新的教学想法和策略。教师学习共同体的构建还能够培养教师之间的团队协作精神。在共同的学习和成长过程中,教师们学会相互支持、相互鼓励,共同面对教学中的挑战,从而形成更加紧密的团队联系。

2. 协作式课题研究与项目实践

随着教育改革的推进和教师专业化发展的要求,初中英语教师提升教学能力已成为紧迫任务。协作式课题研究与项目实践作为教师专业成长的重要途径,其学术价值与实践意义日益凸显。协作式课题研究强调教师之间的合作与协同,通过组建研究团队,共同探讨和解决教育教学中的实际问题。这种研究方式以教育教学中的真实问题为出发点,通过课题研究寻求解决方案,强调教师之间的分工与协作,汇聚集体智慧,形成研究合力。在深入研究与探讨中,促进教育理念和教学方法的创新,推动学科知识的发展。

项目实践是指教师通过参与实际的教学项目,将理论知识与实践操作相结合,以提升教学实践能力。项目实践以具体的教学任务为载体,使教师在实际操作中积累经验、提升技能。项目实践往往涉及多个教学领域和技能要求,有助于教师形成全面的教学素养。通过项目实践,教师可以形成具体的教学成果,如教学设计、教学案例等,便于展示和评价。

第五章 初中英语教师专业学习与教学态度转变

第一节 教学态度的内涵与重要性

一、教学态度的内涵分析

(一)认真负责的教学精神

在教学领域中,教学态度被视为教师工作的核心要素,其中认真负责的教学精神更是其不可或缺的组成部分。这种精神不仅关乎教师的职业素养,还直接影响学生的学习效果和教育质量。认真负责的教学精神体现在教师对教学工作的全身心投入上。这种投入不仅包括时间和精力的付出,更涵盖了对教学内容的深入研究、对教学方法的不断探索以及对学生学习情况的细致关注。一个具有认真负责精神的教师,会时刻将学生的成长和发展放在首位,努力为学生创造最优化的学习环境。认真负责的教学精神还表现为教师对待教学工作的严谨态度。这种严谨不仅体现在教学计划的制订和执行上,更贯穿于课堂教学的每一个环节。从备课到授课,再到课后的反思和总结,教师都会以极高的标准要求自己,力求做到精益求精。认真负责的教学精神还意味着教师对学生的责任感和使命感。教师不仅是知识的传授者,更是学生成长路上的引路人。一个具有认真负责精神的教师,会时刻关注学生的思想动态和学习进展,及时给予学生必要的指导和帮助。教师深知,自己的每一个举动、每一句话都可能对学生的未来产生深远的影响。

(二)热爱学生与关心成长的情感态度

在教学活动中,教师的情感态度对学生成长具有深远的影响。其中,热爱学生与关心成长是教学态度中至关重要的情感要素,它们共同构成了教师对学生全面发展的深切关怀。热爱学生是教学工作的情感基石。这种热爱不仅表现为对学生的尊重和接纳,更体现在对学生个性、需求及潜能的深刻理解和关注。一个热爱学生的教师,能够建立起与学生之间的情感纽带,营造积极、和谐的学习氛围。这种氛围有助于激发学生的学习兴趣,从而更积极地参与到教学活动中。关心成长是教师情感态度中的核心目标。教学工作不仅是知识的传授,而且是对学生全面发展的引导和促进。一个关心学生成长的教师,会时刻关注学生的进步与困惑,提供实时的支持和引导。教师不仅关注学生的学业成绩,还要重视学生的心理素质、道德品质和社会适应能力的发展。通过关心成长,教师能够帮助学生发现自己的价值,实现自我潜能,从而成长为有社会责任感和创造力的个体。此外,热爱学生与关心成长是相辅相成的。热爱学生使教师能够深入了解学生,为关心成长提供情感基础;而关心成长则使教师的热爱更加具有针对性和实效性。这种情感态度有助于教师形成以学生为中心的教学理念,将学生的全面发展作为教学工作的出发点和落脚点。

（三）开放包容与持续学习的心智模式

在教学态度的众多构成中，开放包容与持续学习的心智模式显得尤为重要，共同塑造了教师适应不断变化的教育环境，并持续自我提升的关键能力。开放包容的心智模式体现了教师对待教学工作的宽广视野和多元思维。在教育领域，随着知识的不断更新和教学方法的多样化，教师需要具备接纳新事物、新观念的能力。开放包容的心智模式使教师能够摒弃传统观念的束缚，积极拥抱教育领域的变革与创新。这种态度有助于教师更好地理解学生的多样性，尊重学生的个性和差异，并灵活调整教学策略，以满足不同学生的学习需求。持续学习的心智模式是教师专业成长的重要保障。教学工作是一个不断学习、不断进步的过程。具备持续学习心智模式的教师，能够保持对新知识的渴求，主动探索教育教学的前沿动态，不断提升自身的专业素养和教学技能。这种学习态度不仅有助于教师跟上时代的步伐，而且能够激发教师的创新思维，为教学工作注入源源不断的活力。此外，开放包容与持续学习的心智模式是相互促进、相辅相成的。开放包容的态度使教师愿意接触和尝试新的教学理念和方法，而持续学习的习惯则使教师能够在实践中不断反思、总结，进而实现自我超越。这种心智模式的结合，有助于教师形成积极向上、勇于进取的教学态度，为学生的全面发展提供有力支持。

（四）创新探索与勇于实践的行为倾向

在教学领域，教学态度是影响教育质量的关键因素之一，而创新探索与勇于实践的行为倾向则是教学态度中极为重要的组成部分。这两种行为倾向不仅彰显了教师的专业素养，还是推动教育教学改革的核心动力。创新探索的行为倾向体现了教师对教学工作的前瞻性和创造性。在教学活动中,教师应不满足于传统的、固定的教学模式,积极寻求新的教学方法、策略和手段,以更高效地促进学生学习。这种创新探索的精神使教师能够不断挑战自我,超越既有框架,为教学活动注入新的活力和元素。例如,在信息化时代背景下,许多教师积极探索将现代科技手段融入课堂教学,通过多媒体教学、网络教学等方式,为学生提供更加丰富多样的学习体验。勇于实践的行为倾向彰显了教师的冒险精神和实干精神。教学工作是一项实践性很强的活动,任何教学理念和方法都需要经过实践的检验才能证明其有效性。具备勇于实践精神的教师,敢于将创新的教学理念和方法付诸实践,不怕失败,勇于承担责任。只有通过实践,才能不断发现问题、分析问题并解决问题,从而不断完善和优化教学过程。例如,在推行素质教育的过程中,许多教师勇于尝试新的教学评价方式,关注学生的全面发展,而不仅仅局限于学业成绩,这种勇于实践的精神对于促进学生的综合素质提升具有重要意义。

二、教学态度的重要性体现

(一)对学生发展的影响

1. 塑造学生积极学习态度

　　教学态度作为教师教学活动中的核心要素,对学生学习态度的影响深远且持久。特别是教师在教学过程中所展现的积极态度,对于塑造学生积极学习态度具有至关重要的作用。教师的教学态度直接影响学生的学习兴趣和动机。当教师以热情洋溢、认真负责的态度投入到教学中时,学生会感受到教师对学科的热爱和对教学的敬业精神。这种态度能够激发学生的好奇心,增强学生对学习的内在动力,从而更加积极地投入到学习中去。相反,如果教师表现出消极、敷衍的态度,学生很可能会对学习产生厌倦和抵触情绪。教师的教学态度有助于营造积极的学习氛围。一个具有积极教学态度的教师,会倾向于创造一个鼓励尝试、赞赏进步、宽容错误的学习环境。在这样的氛围中,学生更愿意参与课堂讨论,敢于发表自己的观点,乐于与同学合作学习。这种积极的学习氛围不仅有助于提高学生的学业成绩,还能培养学生的批判性思维、创新能力和社交技能。此外,教师的教学态度对学生学习态度的塑造具有长期效应。学生在学校期间所形成的学习态度,往往会伴随其整个学习生涯,甚至影响学生的职业发展和人生态度。因此,一个具有积极教学态度的教师,不仅能够在短期内提高学生的学习效果,还能在长远上塑造学生对待学习和生活的积极态度。

2. 提升学生学业成就

教学态度对学生学业成就的提升具有显著的影响。这种影响表现在多个层面,并通过多种机制得以实现。积极的教学态度能够激发学生的学习动力。当教师以饱满的热情、高度的责任感投入到教学中时,会传递给学生一种对知识的热爱和对学习的重视的信号。这种信号能够感染学生,激发学生的学习兴趣,使学生更加主动地投入到学习中去。一旦学生的学习动力被激发,就更有可能取得优异的学业成就。良好的教学态度有助于构建高效的课堂教学环境。教师对待教学的认真态度会促使其精心备课,设计具有挑战性的学习任务,并采用多样化的教学方法来满足不同学生的学习需求。在这样的教学环境中,学生能够接触到丰富的学习资源,参与到有意义的课堂活动中,从而更有效地掌握知识和技能。高效的教学环境为学生提供了良好的学习条件,有助于学生取得更好的学业成就。此外,教师的教学态度还会影响学生的学习态度和学习习惯。教师对待教学的严谨态度和不断求知的精神会潜移默化地影响学生,使学生形成积极向上的学习态度和自主学习的习惯。这些良好的学习态度和学习习惯对学生长期的学习和发展都具有积极的推动作用,进而促进学生在学业上取得更好的成绩。

3. 促进学生全面发展

在教育教学过程中,教师的教学态度对学生的知识掌握、能力培养、情感态度以及价值观形成等多个方面都具有深远的影响。积极的教学态度有利于促进学生的认知发展。当教师以饱满的热情和认真的态度投入到教学中时,会更加注重知识的传授和思维的培养。这种态度能够引导学生深入思考,激发学生的求知欲望,从而促进学生的认知能力和思维水平的提升。同时,教师对学生的期望和鼓励也会转化为学生学习的动力,使学生更加自信、自主地探索知识领域。良好的教学态度有助于培养学生的社会技能和情感态度。在教学过程中,教师不仅传授知识,还通过言传身教影响着学生的情感态度和价值观。一个具有积极教学态度的教师,会关注学生的情感需求,尊重学生的个性和差异,从而营造出和谐、包容的学习氛围。在这样的环境中,学生更容易形成积极向上的情感态度,学会与他人合作与沟通,培养起良好的社会技能。此外,教师的教学态度还对学生的创造力和创新精神的培养产生重要影响。一个鼓励尝试、赞赏创新的教学态度能够激发学生的创造潜能,培养学生勇于探索、敢于创新的精神。

(二) 对教师自身成长的意义

1. 增强教师职业认同感与幸福感

教学态度不仅关乎学生的学习成效和全面发展,同样也对教师的职业认同感和幸福感产生深远影响。一个积极、认真的教学态度,不仅能够提升教师的教学效果,还能够增强教师对自身职业的认同感和幸福感。积极的教学态度有助于提升教师的自我效能感。当教师以满腔热情投入到教学工作中,看到学生在自己的引导下取得进步和成就时,会深刻体验到教书育人的价值和意义。这种成功的体验能够增强教师的自我效能感,使教师更加确信自己能够胜任教学工作,从而增强对职业的认同感。良好的教学态度有助于构建和谐的师生关系。一个关爱学生、尊重学生的教师,必然能够赢得学生的尊敬和爱戴。这种亲密、和谐的师生关系不仅有助于提升学生的学习效果,还能够让教师感受到工作的乐趣和幸福感。当教师感受到自己被学生所接纳和喜爱时,对职业的认同感和幸福感也会自然提升。此外,教学态度还影响着教师的社会评价和职业地位。一个认真负责、敬业爱岗的教师,往往能够获得家长和社会的认可和赞誉。这种正面的社会评价不仅能够提升教师的职业声誉,还能够增强教师的职业自豪感和幸福感。

2. 促进教师专业能力提升

积极的教学态度激发教师持续学习的欲望。教学工作是一个动态变化的过程,需要教师不断更新知识结构,掌握新的教学理念和技能。具有积极教学态度的教师,往往对未知领域充满好奇,愿意主动探索和学习,以便更好地适应教学工作的需求。这种持续学习的欲望促使教师不断充实自己的专业知识库,提升教学能力和水平。良好的教学态度促使教师勇于实践和创新。教学工作不仅需要扎实的理论基础,更需要丰富的实践经验。一个具有开拓精神、勇于尝试的教师,更有可能在教学实践中发现问题、分析问题并解决问题,从而积累宝贵的教学经验。这种勇于实践和创新的精神,是教师专业能力提升的重要体现。教学态度影响教师的自我反思和批判性思维。具有积极教学态度的教师,往往会对自己的教学实践进行深入的反思和总结,以便发现其中的不足并寻求改进之道,敢于面对自己的弱点,勇于接受他人的批评和建议,以更加开放的心态对待教学工作。这种具有自我反思和批判性思维的能力,有助于教师形成更加科学、合理的教学理念和方法,进而提升教师的专业能力。

3. 拓宽教师职业发展路径

教学态度不仅是教学质量的关键因素,同样也在教师的职业发展过程中扮演着举足轻重的角色。一个积极、开放且持续进取的教学态度,能够为教师带来更广阔的职业发展视野和更多元化的成长机会。积极的教学态度有助于教师形成终身学习的习惯。一个对教学充满热情的教师,会主动寻求学习机会,不断更新自己的教育理念和教学方法。这种终身学习的态度,不仅使教师能够胜任当前的教学工作,还为教师未来职业发展的更多可能性奠定了基础。开放的教学态度有助于教师构建广泛的合作网络。在教学工作中,教师不可避免地要与同行、学生、家长以及社会各界人士进行交流和合作。一个愿意倾听他人意见、乐于与他人分享教学经验的教师,更能够赢得他人的信任和尊重,从而建立起广泛的合作关系。这些合作关系不仅能为教师提供宝贵的学习资源,还能为教师带来新的职业发展机遇。持续进取的教学态度能够激发教师的创新精神和研究意识。在教学工作中,教师面临的问题和挑战是多种多样的。一个勇于面对挑战、不断追求创新的教师,更有可能在教学实践中发现新问题、提出新观点、创造新方法。这种创新精神和研究意识,不仅能够提升教师的教学水平,还可能使教师在学术研究领域取得突破,从而拓宽其职业发展的路径。

第二节　初中英语教师专业学习对教学态度的影响

一、专业学习对教学态度的作用

随着全球化的不断推进,英语作为国际交流的重要工具,其教学地位日益凸显。在这一背景下,初中英语教师的专业学习显得尤为重要,它不仅直接影响教师的教学水平,还在深层次上塑造和改变着教师的教学态度。教学态度是教师对教学工作的心理倾向和行为表现,它受到教师个人认知、情感以及教学环境等多重因素的影响。而专业学习作为教师职业发展的重要组成部分,其核心目的在于更新教师的知识体系、提升教学技能,并引导教师形成与时俱进的教育理念。因此,专业学习与教学态度之间存在着紧密的内在联系。

(一)提升教学自信心

教学自信心是教师对其教学能力、教学方法及教学效果的积极肯定和信任,是教师教学态度的重要组成部分。对于初中英语教师而言,专业学习不仅是提升教学技能的过程,而且是增强教学自信心的关键途径。专业学习为教师提供了系统的学科知识和教育理论知识,以及实践性的教学技能和方法。通过专业学习,教师能够更全面地掌握英语学科的教学要求,更准确地把握学生的学习需求,从而在实际教学中更加游刃有余。这种由知识积累和技能提升带来的成就感,会显著提高教师的教学自信心。

专业学习使教师更深入地理解英语学科的内在逻辑和知识体系,从而能够更自信地引导学生探索学科奥秘。通过学习和实践新的教学方法和手段,教师能够更有效地组织课堂教学,激发学生的学习兴趣,提高教学效果。这种技能上的提升会让教师对自己的教学能力产生更积极的评价。专业学习培养了教师分析和解决教学问题的能力。当面对教学中的挑战和困难时,教师能够迅速找到问题的症结所在,并采取有效的措施加以解决。这种问题解决能力的增强会显著提升教师的教学自信。专业学习鼓励教师进行自我反思和总结,从而发现自己的优点和不足,并制订改进计划。这种自我反思和成长的过程有助于教师形成更积极、自信的教学态度。教学自信心的提升会使初中英语教师在教学过程中表现出更积极、主动的态度,会更加愿意尝试新的教学方法和手段,勇于面对教学中的挑战和困难。同时,自信的教师更能够激发学生的学习兴趣和热情,营造出积极、和谐的学习氛围。这种积极的教学态度不仅有助于提高教师的教学效果,还有助于促进学生的全面发展。

(二)塑造开放与包容的教学心态

随着教育全球化的推进和新课程改革的深入,初中英语教师的角色定位和教学要求发生了显著变化。在此背景下,教师的专业学习不仅关乎知识技能的更新,还关乎教学心态的塑造。开放与包容的教学心态作为教师专业素养的重要组成部分,对于提升教学质量、促进学生全面发展具有深远意义。

专业学习引导初中英语教师接触并理解多元文化,从而拓宽其国际视野。通过学习英语国家的文化、历史、社会情况等,教师能够更深入地理解英语语言的内涵,同时认识到文化多样性的价值。这种国际视野的拓展有助于教师形成开放的教学心态,尊重并欣赏学生的文化背景和个体差异。专业学习使教师接触到前沿的教育理念和教学方法。在学习的过程中,教师需要不断反思自己的教学实践,勇于尝试新的教学理念和方法。这种反思和尝试的过程有助于教师打破传统的教学思维定式,形成开放、灵活的教学心态,更好地适应教育改革的需要。

专业学习强调以学生为中心的教学理念,要求教师关注学生的个体差异和需求。通过学习,教师能够更深入地了解学生的学习特点、兴趣爱好和成长需求,从而在教学过程中更加注重因材施教。这种对学生差异的尊重和关注有助于教师形成包容的教学心态,为每个学生提供公平、有质量的教育。英语学习不仅是语言知识的学习,更是文化理解和交流的过程。专业学习使教师意识到,鼓励学生多元表达是培养其跨文化交际能力的重要途径。在教学过程中,教师应该为学生创造宽松、自由的表达环境,允许学生发表不同的观点和看法。这种对多元表达的鼓励有助于教师形成包容的教学心态,促进学生的全面发展。

(三)增强职业认同感和责任感

职业认同感是指教师对自己所从事职业的肯定性评价和归属感。对于初中英语教师而言,专业学习是提升职业认同感的重要途径。通过学习,教师能够更深入地理解英语教育的价值和意义,认识到自己在学生语言学习过程中的重要作用。同时,专业学习也使教师能够接触到更多的教育理念和教学方法,从而拓宽教学视野,增强教学自信。这种自信不仅来源于知识技能的提升,还来源于教师对自身职业价值的深刻认同。专业学习还为教师提供了与同行交流、合作的机会。通过分享教学经验、探讨教学问题,教师能够感受到来自同行的支持和认可,进一步增强职业归属感。这种归属感使教师更加珍惜自己的职业身份,以更积极、认真的态度投入到教学工作中。

责任感是教师对自己所承担教学任务的自觉意识和积极履行的态度。对于初中英语教师而言,专业学习是强化责任感的重要动力。通过学习,教师能够更清晰地认识到自己的教学职责和使命,意识到自己的每一个教学决策和行为都对学生的语言学习和发展产生着深远影响。这种认识使教师更加谨慎、负责地对待教学工作,努力提高自己的教学水平,以更好地满足学生的学习需求。同时,专业学习也使教师能够更深入地了解学生的学习特点和需求。通过关注学生的个体差异、分析学生的学习困难,教师能够更有针对性地制订教学计划和教学策略,帮助学生克服学习障碍、实现个性化发展。这种对学生负责的态度不仅体现了教师的专业素养,更强化了教师的教学责任感。

(四)培养持续学习与自我提升的意识

专业学习使初中英语教师深刻认识到,教育是一个动态发展的领域,语言知识和教学方法都在不断更新。为了跟上这种变化,教师必须将学习视为一种持续的过程,而不仅仅是一次性的活动。这种认识有助于教师形成持续学习的意识,驱使教师不断地探索新的教学理念和方法。通过专业学习,教师会更加主动地寻求学习机会,如参加研讨会、阅读教育类期刊、参与在线课程等。

专业学习鼓励教师对自己的教学实践进行反思。通过回顾教学过程、分析教学效果，教师能够发现自己的优点和不足，从而明确自我提升的方向。这种反思过程有助于教师形成自我提升的意识，激发教师改进教学的动力。在专业学习的过程中，教师会根据自己的实际情况设定个人发展目标。这些目标可能是提高某种教学技能、掌握新的教学方法，或者提升学生的某种能力。设定目标的过程本身就是一种自我提升意识的体现，它使教师更加明确自己的发展方向，并为之努力。

二、技能提升对教学态度的正面效应

（一）技能提升显著增强了教师的自我效能感

自我效能感，简而言之，就是个体对自己能否成功完成某一任务或工作的信念和预期。对于身处教育一线的初中英语教师来说，这种信念和预期显得尤为重要。当教师通过系统而深入的专业学习，不断提升自己的教学技能时，自我效能感也会随之增强。这种增强不仅仅停留在心理层面，而且会直接体现在教师的教学态度上。面对复杂多变的教学环境和学生需求，自我效能感强的教师会更加自信、从容。教师相信自己有能力引导学生突破语言学习的难关，提升学生的综合能力。因此，教师在教学实践中，更愿意投入额外的时间和精力，去深入挖掘教材内涵，精心设计教学活动，以及与学生进行真诚、有效的互动交流。这种积极、主动的教学态度，无疑会极大地促进教学质量的提升，也会给学生带来更加丰富、有趣的学习体验。

（二）技能提升促进了教师的教学创新

随着教学技能的日益精进,初中英语教师逐渐摆脱了传统、刻板的教学束缚,不再满足于仅仅传授知识,而是开始大胆地尝试和探索更为多样化、富有创新性的教学方法。例如,为了更好地培养学生的语言实际应用能力,教师巧妙地运用多媒体技术,为学生营造出一个个逼真的语言环境,让学生在模拟的场景中轻松学习、自如运用。同时,教师还精心设计了一系列既具挑战性又充满趣味性的学习任务。这些任务不仅激发了学生的好奇心和探索欲,更让学生在解决问题的过程中体验到了学习的乐趣和成就感。此外,跨学科的综合实践活动也成了教师教学创新的重要组成部分。通过这类活动,学生有机会将所学知识与其他学科领域相融合,从而培养学生的综合素养和创新能力。这些教学上的创新与尝试,不仅为学生带来了更加丰富多彩的学习体验,也进一步坚定了教师积极、开放的教学态度。

三、教育理念更新与教学态度的转变

教育理念更新是教学态度转变的先导。当教师接受并内化新的教育理念时,会重新审视自己的教学实践,反思过去的教学方式是否符合新的教育理念,进而产生改进教学的内在动力,从而形成更加积极、主动的教学态度。

（一）增强教师的自主发展意识

新的教育理念正日益凸显出教师的自主发展和终身学习的重要性。在这种理念的指引下,教师逐渐认识到,自身的不断进步和成长是教育质量持续提升的关键,因此开始更加珍视和抓住每一个学习和提升的机会,主动地去探索专业成长的多种可能途径。这种强烈的自我提升意识,不仅使教师在知识的海洋中不断汲取新鲜养分,而且使教师在日常教学过程中始终保持着敏锐的洞察力和准确的判断力,可以迅速捕捉到学生需求的微妙变化,灵活调整自己的教学方法和策略,从而确保每位学生都能得到最适合自己的学习体验。这种教师自我驱动的发展模式,无疑为现代教育的持续进步注入了强大的动力。

(二)促进教师与学生之间的平等互动

传统的教育理念往往强调教师的权威地位,导致学生在学习过程中处于被动接受的状态。而新的教育理念则倡导师生之间的平等互动和合作学习。在这种理念的指导下,初中英语教师会更加注重与学生的沟通交流,尊重学生的个体差异和创造性想法,鼓励学生积极参与课堂讨论和活动策划。这种平等互动的教学环境有助于激发学生的学习兴趣和主动性,培养学生的批判性思维和创新能力。

(三)提升教师的教学创新意识和实践能力

新的教育理念要求教师不断进行教学创新,以适应社会发展和学生需求的变化。在这种背景下,初中英语教师会更加关注新兴的教育技术和方法,并尝试将其应用于实际教学中。例如,利用多媒体技术创设真实的语言情境、设计项目式学习任务等。这些教学创新不仅能够提升学生的学习效果,还能够增强教师的教学成就感和满足感,从而进一步巩固教师的积极教学态度。

四、新理念引导下的教学态度重塑

(一)新理念对教师教学认知的影响

新的教学理念正在逐渐改变教育的面貌,它强调以学生为中心,将学生的全面发展放在教学的首要位置。这一理念要求初中英语教师必须摒弃传统的、以教师为中心的教学观念,转而更加深入地关注学生的学习需求和个体差异。在这种认知转变的推动下,教师的教学态度悄然发生变化,开始更加注重学生的主体性和参与性,努力营造一个以学生为本的教学环境。在这样的环境中,每个学生都能得到充分的关注和尊重,学习需求和兴趣也能得到更好的满足。这种以学生为本的教学态度,无疑将有助于激发学生的学习兴趣和潜能,推动学生实现更为全面的发展。

(二)新理念对教师教学行为的影响

新的教学理念对初中英语教师提出了更高的要求,鼓励并督促教师在教学实践中不断创新,以更好地适应学生的学习需求和时代的发展步伐。在这种理念的引导下,教师更加注重对自身教学方法和手段进行深入的反思与持续的改进,不断调整教学策略,积极探索更加灵活多样的教学风格,力求让每一位学生都能在课堂中找到适合自己的学习路径。同时,实践性学习也被置于重要位置,教师鼓励学生进行合作探究学习,通过实际操作与团队协作来培养学生的实践能力和创新精神。这种教学行为的转变,不仅提升了教学质量,更进一步体现了教师教学态度的重塑——教师正以更加开放、进取的心态,迎接教育领域的每一个新挑战。

第三节　初中英语教师教学态度的优化策略

一、培养教师自主发展与终身学习意识

在初中英语教学领域,教师的教学态度对学生的学习成效和教学质量有着至关重要的影响。为了优化教学态度,培养教师的自主发展与终身学习意识成为一项核心策略。这种策略的实施,不仅能够激发教师的教学热情和创新能力,还能够推动教育教学的持续发展和进步。

(一)培养教师的自主发展意识

在探讨如何优化初中英语教师的教学态度时,培养教师的自主发展意识显得尤为重要。自主发展意识是指教师个体内在的、深层次的对于自我提升和专业成长的渴望与追求。这种意识能够激发教师不断更新知识、提升技能,从而以更加积极、专业的态度投身于教育教学工作。培养自主发展意识有助于教师形成持续学习的习惯。在快速发展的现代社会,教育领域的变革日新月异,这就要求教师必须具备终身学习的能力。自主发展意识能够促使教师主动关注教育领域的最新动态,及时学习并掌握新的教学理念、方法和技能。这种持续学习的习惯不仅有助于教师保持教学水平的先进性,还能够为其教学态度的优化提供源源不断的动力。自主发展意识能够提升教师的教学创新能力。具备自主发展意识的教师往往不满足于现状,勇于尝试新的教学方法和手段,以寻求更加高效、有趣的教学方式。这种创新精神不仅能够激发学生的学习兴趣,提高教学效果,还能够促使教师在不断的教学实践中锤炼

和优化自己的教学态度。此外,培养自主发展意识还有助于教师构建积极的职业心态。自主发展意味着教师能够主动规划自己的职业生涯,设定明确的职业目标,并为之付出努力。这种目标导向的职业心态能够使教师在面对教学挑战时保持积极、乐观的态度,从而以更加饱满的热情投入到教学工作中。

(二)培养教师的终身学习意识

终身学习意识是现代教育中不可或缺的理念,对于初中英语教师的教学态度优化具有深远的影响。终身学习意识有助于教师不断更新专业知识。英语教学领域的知识体系和方法论持续演进,需要教师不断跟进新的研究成果和教学实践。通过培养终身学习意识,教师会自觉地定期审视自己的知识体系,及时吸收新的教学理论和技术,从而确保其教学内容和方法的科学性与前沿性。终身学习意识能够推动教师持续提升教学能力。教学能力不仅包括传统的授课技巧,还涵盖课堂管理、学生互动、评估反馈等多个维度。具备终身学习意识的教师会积极寻求各种专业发展机会,如参加培训课程、参与教育研讨会等,以拓宽教学视野,丰富教学手段,进而提升整体教学质量。培养终身学习意识有助于教师形成积极的教学态度。面对教育改革和学生需求的不断变化,具备终身学习意识的教师更愿意接受挑战,以开放的心态探索新的教学可能,通常对教学充满热情,乐于与学生共同成长,这种积极的教学态度不仅能够激发学生的学习兴趣,还能营造和谐的教学环境。此外,终身学习意识还有利于教师的自我实现和职业发展。在终身学习的过程中,教师不断挖掘自身的潜力,实现自我价值的最大化。这种自我实现的过程不仅提升了教师的职业满意度,也为其职业生涯的长期规划奠定了坚实的基础。

二、树立教师以学生为中心的教学理念

随着教育改革的不断深化,以学生为中心的教学理念逐渐成为初中英语教学的重要指导原则。为了优化初中英语教师的教学态度,树立教师以学生为中心的教学理念显得尤为重要。这种理念的转变不仅有助于提升教师的教学质量,还能促进学生的全面发展和个性化学习。

(一)关注学生的需求和兴趣

在初中英语教学中,关注学生的需求和兴趣是优化教师教学态度的重要策略之一。这一策略强调教师应将学生置于教学的中心,深入了解学生的学习需求、兴趣爱好和个性特点,以便更加精准地设计教学活动,提升教学效果。关注学生的需求有助于实现教学的针对性。每个学生的学习需求都是独特的,在学习动机、学习方式、学习速度等方面存在差异。通过关注学生的需求,教师可以更好地把握学生的个体差异,为学生提供量身定制的学习方案。这种针对性的教学不仅能够满足学生的学习需求,还能够激发学生的学习动力,提高学习效率。关注学生的兴趣有助于增强教学的吸引力。兴趣是学习的最好老师,当学生对学习内容产生浓厚兴趣时,就会更加投入地参与学习活动。因此,教师在选择教学内容和教学方法时,应充分考虑学生的兴趣点,将学生的兴趣爱好与教学内容相结合,创设生动有趣的教学情境。这样的教学不仅能够激发学生的学习兴趣,还能够培养学生的学习主动性,使学生在轻松愉快的氛围中掌握英语知识。

（二）注重培养学生的主动性和创造性

在初中英语教学中，教师注重培养学生的主动性和创造性，不仅能够有效促进学生语言能力的提升，而且还是对教师教学态度优化的重要体现。培养学生的主动性是现代教育理念的核心之一。传统的教学模式下，学生往往处于被动接受的状态，而注重学生主动性的培养则能够激发学生的内在学习动机，使学生更加积极地参与到学习过程中。在初中英语教学中，教师可以通过设计具有挑战性和探究性的学习任务，引导学生自主查找资料、分析问题、解决问题，从而培养学生的主动学习意识。这种教学方式的转变不仅有助于提高学生的学习效果，还能够帮助学生建立起终身学习的习惯。创造性是学生综合素质的重要组成部分，也是当今社会所急需的能力。在初中英语教学中，培养学生的创造性意味着教师要鼓励学生勇于尝试、敢于创新，不拘泥于传统的思维模式。为此，教师可以利用多样化的教学手段，如情境教学、角色扮演、小组合作等，激发学生的想象力和创造力。同时，教师还应该为学生提供充足的实践机会，让学生在英语实践中不断锤炼语言技能，提升创造性思维。

（三）构建和谐的师生关系

构建和谐的师生关系是初中英语教师教学态度优化的关键策略之一。这种关系的建立不仅对学生的学习效果产生深远影响，还能提升教师的教学满意度，进一步促进教学质量的提升。和谐的师生关系有助于营造积极的学习氛围。当教师与学生之间建立起相互尊重、信任和理解的关系时，学生会更愿意参与到课堂活动中，积极表达自己的观点和想法。这种积极参与的态度有助于激发学生的学习兴趣,提高学习动力,从而营造出一个积极向上、充满活力的学习环境。和谐的师生关系有助于提升教学效果。在良好的师生关系中,教师能够更准确地把握学生的学习需求,根据学生的实际情况调整教学策略,提供更有针对性的指导。同时,学生也会更加认真地对待学习任务,努力完成教师布置的作业和活动,从而实现教学效果的最大化。此外,和谐的师生关系有助于促进学生的心理健康发展。学生面临着来自学业、人际关系等多方面的压力,一个和谐、支持性的师生关系能够为学生提供情感上的支持和帮助,缓解学生的焦虑和压力,促进学生的心理健康成长。

三、创新教学方法与手段

(一)创新教学方法

创新教学方法是初中英语教师教学态度优化的重要策略之一。随着教育改革的不断深入和现代教育技术的飞速发展,传统的教学方法已经难以满足当代学生的学习需求。因此,教师需要不断创新教学方法,以适应学生的学习特点,提高教学效果。创新教学方法有助于激发学生的学习兴趣。传统的教学方法往往注重知识的灌输,而忽视了学生的学习兴趣和情感体验。通过创新教学方法,如采用游戏化教学、情境教学、项目式学习等,教师可以将枯燥的语言知识转化为生动有趣的学习活动,从而激发学生的学习兴趣,提高学习的积极性。创新教学方法有助于培养学生的自主学习能力。现代教育理念强调学生的主体地位和教师的主导作用。通过创新教学方法,教师可以引导学生积极参与学习过程,自主探究问题,培养学生的自主学习能力。例如,教师可以利用翻转课堂的教学模式,让学生在课前通过自主学习掌握基础知识,课堂上则重点进行疑难解答和拓展应用,从而提高学生的自主学习能力。创新教学方法有助于促进学生的全面发展。传统的教学方法往往过于注重语言知识的传授,而忽视了对学生其他能力的培养。通过创新教学方法,教师可以更加关注学生的综合素质发展,如批判性思维、创新能力、跨文化交际能力等。

(二)创新教学手段

随着科技的飞速发展和教育信息化的不断推进,创新教学手段已经成为初中英语教师教学态度优化的关键策略之一。创新教学手段不仅能够有效提升教学效果,还能够激发学生的学习兴趣,培养学生的自主学习能力。创新教学手段有助于实现教学资源的多元化。传统的教学手段主要依赖纸质教材和黑板,而创新教学手段则充分利用了现代信息技术,如多媒体教学、网络教学等,使教学资源变得更加丰富多样。这种多元化的教学资源不仅能够为学生提供更加真实、生动的语言学习环境,还能够拓宽学生的学习视野,增强学习效果。创新教学手段有助于提高教学效率和质量。通过采用创新教学手段,如使用智能教学软件、在线学习平台等,教师可以更加高效地进行课堂教学管理,减轻教学负担。同时,这些教学手段还能够提供更加精准的学习数据反馈,帮助教师及时了解学生的学习情况,从而调整教学策略,提高教学质量。创新教学手段有助于激发学生的学习兴趣和自主学习能力。创新教学手段往往具有更强的交互性和趣味性,能够吸引学生的注意力,激发学生的学习兴趣。例如,利用虚拟现实技术进行英语教学,可以让学生身临其境地感受英语国家的文化和语言环境,从而增强学生的学习动力。此外,创新教学手段还能够为学生提供更加个性化的学习路径和自主学习资源,培养学生的自主学习能力。然而,要有效实施创新教学手段,教师需要不断提升自身的信息技术素质和应用能力。教师需要学习和掌握现代信息技术的基本知识和操作技能,同时还需要具备将信息技术与英语教学深度融合的能力。此外,教师还需要关注新技术的发展动态,不断更新教学手段,以适应学生的学习需求和时代的发展。

(三)实施实践性学习

实践性学习与教学态度重塑是初中英语教师教学态度优化的重要策略。这一策略强调教师在实际教学中的反思与实践,通过不断的经验积累与态度调整,实现教学质量的提升和个人专业成长。实践性学习是教师教学态度优化的关键途径。实践性学习强调教师在真实的教学环境中,通过亲身参与、观察、反思和行动,不断积累教学经验,深化对教学理念和方法的理解。这种学习方式使教师能够直接从实践中获得反馈,及时调整教学策略,从而更加有效地应对教学中的挑战。在实践性学习过程中,教师需要保持开放的心态,勇于尝试新的教学方法,并愿意面对和解决问题。这种积极的学习态度有助于教师形成更加灵活、创新的教学风格,进而优化其教学态度。教学态度的重塑是实践性学习的必然结果。通过实践性学习,教师不仅能够提升教学技能,更能够在反思与实践的过程中重新审视自己的教学态度。教学态度的重塑意味着教师需要摒弃传统、固化的教学观念,树立以学生为中心、注重实践与创新的教学理念。这种态度上的转变能够使教师更加关注学生的实际需求和发展,更加注重培养学生的综合语言运用能力。同时,教学态度的重塑还有助于教师形成更加开放、包容的教学氛围,鼓励学生积极参与课堂活动,发表自己的观点和看法。为了有效实施实践性学习与教学态度重塑的策略,教育部门和学校应提供必要的支持和保障。例如,可以定期组织教师进行实践性学习的培训活动,引导教师掌握实践性学习的技巧和方法;建立教师之间的合作与交流平台,促进教学经验的分享与借鉴;同时,还应建立完善的激励机制,鼓励教师在教学实践中勇于创新,实现教学态度的优化与重塑。

第六章　初中英语教师专业学习与教学实践创新

第一节　教学实践的内涵与创新意义

一、教学实践的内涵

(一)教学实践的定义

教学实践,是一个涵盖多重维度和层面的复杂活动。从广义角度来看,它涉及教师在特定教育环境下,为实现预设教学目标而进行的所有教学活动的总和。这些活动不仅包括课堂内的知识传授与技能培养,还延伸至课堂外的辅导、咨询以及与学生、家长、社区的互动等。更具体地说,教学实践是教师将教育理论、教学原则和方法论转化为实际教学行为的过程。这一过程中,教师需要综合考虑学科内容、学生特点、教学资源以及社会文化背景等多个因素,制订出切实可行的教学计划,并通过有效的教学策略和手段来实施这些计划。这不仅要求教师具备扎实的专业知识和教育理论基础,还要求教师具备灵活应变的能力和创新精神,以便根据学生的实际需求和反馈及时调整教学策略。

同时,教学实践也是一个动态、循环的过程,它包括教学计划的设计、实施、评估以及基于评估结果的反思和修订。这一过程中,教师不仅是知识的传授者,更是学生学习活动的引导者和促进者,需要通过观察、记录和分析学生的学习行为,了解学生的学习需求和困难,为学生提供个性化的学习支持和指导。此外,教学实践还是教师专业成长的重要途径。通过不断的实践、反思和学习,教师可以提升自己的教学技能和教育理念,逐步实现从新手教师到专家型教师的转变。这种转变不仅有助于提高教师的教学效果和工作满意度,还能为学生的学习和发展创造更加有利的环境。

(二)教学实践的特点

教学实践作为教育活动中的核心组成部分,具有一系列鲜明的特点,这些特点共同构成了教学实践的独特性和复杂性(见表6-1)。

表 6-1　教学实践的特点

特点	具体描述
客观性	教学实践是客观存在的活动,受到多重客观规律的制约。
目的性	教学实践具有明确的目的,旨在实现预设的教学目标。
群体性	教学实践是群体性的活动,涉及多个参与主体的相互协作。
创造性	教学实践本质上要求创造性,需要教师发挥主观能动性。

1. 客观性

教学实践不仅是一种传授知识的活动,更是一个深受多重因素影响的复杂过程。它如同一片浩渺的海洋,受到教育规律、学生身心发展规律以及社会文化环境等多重因素的共同作用。在这些客观规律的制约下,教学实践展现出其独特的魅力。教师在进行教学实践时,必须如同航海家一样,准确把握这些规律,以实事求是的态度为舵,稳健地驾驶着教学之船在知识的海洋中航行。只有这样,教师才能确保教学实践的有效性和针对性,帮助学生顺利抵达知识的彼岸。

2. 目的性

教学实践并非盲目或随意的行为,而是承载着明确的目的性。这一目的性,就像一盏明灯,照亮教师前行的道路,引导教师为实现预设的教学目标而努力。同时,它也是推动学生全面发展的不竭动力,激励学生在知识的海洋中不断探索和进步。这一目的性贯穿于教学实践的始终,无论是教学计划的制订、教学内容的选择,还是教学方法的运用、教学评价的实施,都紧紧围绕这一核心展开。它引导着教师的教学行为,确保教学活动始终沿着正确的轨道前进;同时,它也影响着学生的学习活动,使学生在明确的目标指引下更加高效地学习和成长。

3. 群体性

教学实践并非孤立的个体行为,而是一种充满活力和互动的群体性活动。在这一过程中,教师、学生以及可能的教学辅助人员等多个参与主体共同构成了一个紧密相连、互为补充的有机整体。教师以专业的知识和独到的见解引导学生探索未知,学生在教师的启发下不断思考、实践和创新,而教学辅助人员则为这一过程的顺利进行提供必要的支持和保障。通过相互协作、共同建构,这些参与主体不仅实现了知识的有效传递和技能的快速提升,更在情感的交流和思想的碰撞中形成了一个动态、开放且充满活力的学习共同体。在这个共同体中,每个人都是学习者,同时也是知识的贡献者,大家携手前行,共同追求着更高层次的教学相长与全面发展。

4. 创造性

教学实践绝非仅仅是书本知识的简单传递,它更深层次的意义在于对智慧的不断挑战与对创新精神的持续呼唤。在这一过程中,教师如同探险家,需要在扎实的教育理论土壤中深耕,同时敢于冲破固有的教学框架,以无畏的姿态探索教育的新领域。在教育的征途中,教师不能只是机械地应用传统的方法和策略,而要充分发挥自己的主观能动性,紧密结合学生的真实需求和时代的脉搏,以创新性的视角精心设计教学蓝图,并灵活机动地实施各种教学策略。这种创造性不仅仅表现为教学内容的与时俱进和教学方法的革新升级,更重要的是体现在教师对学生独特个性的深刻理解与精准引导上。在这个意义上,教学实践确实是一项极富创造性、挑战性和探索性的活动,它要求教师既要有深厚的专业素养,又必须具备敢于创新、勇于探索的精神。

(三)教学实践的重要性

教学实践在教育领域中占据着举足轻重的地位,其重要性不容忽视。教学实践是教育理论转化为实际教育成果的关键环节。教育理论是抽象的、概括性的,而教学实践则是具体的、操作性的。只有通过教学实践,教育理论才能得到验证、应用和发展,从而转化为实际的教育成果。这种转化过程不仅有助于教育理论的完善,而且能提升教育的整体质量和效果。教学实践是培养学生全面发展的主要途径。在教学实践中,学生不仅获取知识,还培养技能、塑造态度和价值观。通过参与各种教学活动,学生能够在实践中学习、在探索中成长,实现知、情、意、行的统一。这种全面发展的培养方式远比单一的知识传授更加全面、深入和持久。教学实践是教师专业成长的重要平台。在教学实践中,教师需要不断面对挑战、解决问题,这一过程正是教师专业素养提升的关键。通过实践,教师能够积累经验、反思不足,进而改进教学方法、提高教学效果。这种实践中的学习和成长对于教师的职业生涯发展具有深远的意义。此外,教学实践是推动教育创新的重要动力。在教学实践中,教师和学生都是创新的主体。通过不断的尝试、探索和创新,能够发现新的问题、提出新的观点、创造新的方法。这种创新精神和实践能力不仅有助于解决当前教育面临的问题,还能为教育的未来发展注入源源不断的活力。

二、教学实践的创新意义

(一)创新在教学实践中的作用

在教学实践中,创新不仅是一种驱动力,还是一种必要的策略,它推动着教学活动的持续改进和提升。创新在教学实践中的作用体现在多个层面,且具有深远的意义。创新有助于优化教学方法。传统的教学方法往往侧重于知识的单向传授,而忽视了学生的主体性和差异性。通过创新,教师可以探索出更加符合学生认知规律和学习特点的教学方法,如项目式学习、情境教学、翻转课堂等。这些方法能够更好地激发学生的学习兴趣,从而实现教学效果的显著提升。创新有助于丰富教学内容。随着科技的飞速发展和社会的不断进步,新的知识和技能不断涌现。通过创新,教师可以及时将这些新的知识和技能融入教学实践中,使教学内容更加贴近时代发展和社会需求。同时,创新还可以帮助教师挖掘和整合各种教学资源,为学生提供更加丰富多彩的学习体验。创新有助于提升教师的教学能力。在教学实践中进行创新,需要教师具备敏锐的洞察力、丰富的想象力和强大的实践能力。通过不断的创新实践,教师可以提升自己的教学设计能力、课堂组织能力和问题解决能力,从而成长为更加优秀和专业的教育工作者。此外,创新还有助于培养学生的创新精神和实践能力。在教学实践中进行创新,可以为学生提供更多的实践机会和探究空间。通过参与创新性的教学活动,学生可以培养自己的创新意识、创新思维和创新能力,同时还可以锻炼自己的实践能力和解决问题的能力。这些能力和素质对于学生的全面发展和未来成长具有至关重要的意义。

(二)教学实践创新的具体表现

教学实践的创新意义在于它打破了传统教学的束缚,为教育领域注入了新的活力和可能性。这种创新不仅体现在教学方法、手段上,更深入到教学理念和教育模式的革新。通过创新,教学实践能够更好地适应时代发展的需要,满足学生多样化的学习需求,进而提升教育教学的整体质量和效果。

教学实践创新的具体表现则多种多样,它们共同构成了创新教学的丰富内涵。首先,教学方法的创新是显而易见的。例如,教师可能采用翻转课堂、混合式教学等新型教学方法,这些方法强调学生的主动参与和自主学习,有助于培养学生的批判性思维和问题解决能力。其次,教学内容的创新也十分重要。随着科技的进步和社会的发展,新的知识和技能不断涌现。教师需要及时将这些内容纳入教学中,保持教学内容的时效性和前瞻性。再次,教育技术的创新也是教学实践创新的重要组成部分。如今,多媒体技术、人工智能等现代教育技术在教学中的应用日益广泛,它们为教学提供了更加便捷、高效的手段,同时也为学生的学习带来了全新的体验。最后,教学评价的创新也是不可忽视的。传统的以考试分数为唯一评价标准的方式已经无法满足现代教育的需求。因此,教师需要探索更加多元、全面的评价方式,如过程性评价、表现性评价等,以便更准确地反映学生的学习成果和全面发展情况。

(三)教学实践创新对教育发展的推动

教学实践创新在推动教育发展方面起着举足轻重的作用。这种创新不仅限于教学方法或手段的变革,更涉及教育理念、教育模式和教育生态系统的全面优化。教学实践创新有助于转变传统教育观念。传统教育观念往往过于强调知识的灌输,而忽视了学生的主体地位和个性发展。通过实践创新,如引入项目式学习、协作学习和问题解决学习等模式,教育开始更加注重培养学生的批判性思维、创造力和协作能力。这种观念转变对于培养适应未来社会的人才至关重要。教学实践创新推动了教育模式的多样化。随着信息技术的发展,混合式学习、在线教育等新型教育模式应运而生。这些模式打破了时间和空间的限制,为学生提供了更加灵活、个性化的学习路径。教学实践创新在这一过程中起到了关键作用,为教育模式的多样化提供了源源不断的动力。教学实践创新促进了教育技术的更新换代。多媒体、人工智能、虚拟现实等先进技术在教育实践中的广泛应用,得益于教师和教育工作者对创新的不断探索。这些技术不仅丰富了教学手段,还大大提高了教学效果和学习体验。此外,教学实践创新在推动教育公平和普及方面也发挥了积极作用。通过远程教育、开放教育资源等手段,创新实践使得更多地区和人群能够享受到优质教育资源,从而促进了教育的普及和公平。

第二节　初中英语教师专业学习
对教学实践的影响

一、初中英语教师专业学习对教学实践的具体影响

(一)教师专业知识提升对教学实践的影响

教师专业知识是构成其教学素养的重要基石,它不仅涵盖了所教学科的知识体系,还包括了教育心理学、教学法、课程设计等多个方面的理论与实践知识。当教师的专业知识得到提升时,这种提升会对教学实践产生深远而积极的影响。教师专业知识的提升有助于优化教学内容的选择与组织。具备丰富专业知识的教师能够更准确地把握学科的核心概念和原理,从而筛选出更具代表性、更有助于学生理解的教学内容。同时,教师还能够根据学科发展的最新动态,及时更新教学内容,确保学生接触到最前沿、最实用的知识。教师专业知识的提升能够增强教学设计的针对性和有效性。教师在进行教学设计时,需要综合考虑学生的认知特点、学习需求以及教学目标等多个因素。具备深厚专业知识的教师能够更精确地分析这些因素,设计出更符合学生实际、更有利于达成教学目标的教学方案。教师专业知识的提升也有助于提升教学过程的互动性和启发性。当教师掌握了丰富的专业知识和教学技巧后,就能够更自如地驾驭课堂,引导学生进行深入的思考和讨论。通过创设问题情境、提出富有挑战性的问题等方式,教师可以激发学生的好奇心和求知欲,促使学生主动参与到教学过程中来。此外,教师专业知识的提升还有助于完善教学评价与反馈机制。具

备专业知识的教师能够更科学地设计评价工具,更准确地评估学生的学习成果,从而为学生提供更有针对性的反馈和指导。这不仅有助于帮助学生认清自己的学习状况,还能够激发学生的学习动力,促进其全面发展。

(二)教师教学技能提高对教学实践的影响

教师教学技能是评价教师职业素养的重要指标,它涵盖了教学方法的掌握、课堂管理的能力、学生互动的技巧等多个方面。当教师的教学技能得到提高时,这种提升会对教学实践产生显著而正面的影响。教师教学技能的提高有助于实现教学方法的多样化和创新。随着教学技能的增强,教师能够更灵活地运用不同的教学方法,如启发式教学、案例教学、项目式学习等,从而根据教学内容和学生特点选择最合适的教学方式。这种多样化和创新性的教学方法不仅能够激发学生的学习兴趣,还能培养学生的思维能力和解决问题的能力。教师教学技能的提高能够提升课堂管理的效率。良好的课堂管理是保证教学质量的前提。技能提高后的教师能够更有效地制定课堂规则、管理学生行为、处理课堂突发情况,从而营造出积极、有序的学习氛围。这种氛围有利于学生的学习投入和效果提升。教师教学技能的提高也有助于提高学生互动的质量。互动是教学中的重要环节,它能够促进学生的参与和合作。技能提升后的教师能够更熟练地运用提问、讨论、小组合作等互动技巧,激发学生的思考,促进学生之间的交流和合作。这种高质量的互动不仅能够提升学生的学习效果,还能培养学生的沟通能力和团队协作精神。此外,教师教学技能的提高还能够促进教学评价的科学性和有效性。技能提升后的教师能够更准确地运用评价工具和方法,全面、客观地评估学生的学习成果。同时,还能够根据评价结果提供有针对性的反馈和指导,帮助学生认清自己的学习状况并制定改进策略。

(三)教师教育理念更新对教学实践的影响

教师教育理念是指导其教学行为和教育实践的内在思想和观念体系。随着教育理论的不断发展和教育改革的深入推进,教师教育理念的更新变得至关重要。当教师的教育理念得到更新时,这种变革会对教学实践产生深远而积极的影响。教师教育理念的更新有助于转变教学重心和目标。传统的教育理念往往过分强调知识的灌输和应试能力的培养,而忽视了学生的主体地位和全面发展。更新后的教育理念则更加注重学生的综合素质培养、创新能力提升以及终身学习能力的培养。这种转变使得教学实践更加关注学生的个性差异、兴趣爱好和学习需求,从而推动教学从"以教师为中心"向"以学生为中心"的转变。教师教育理念的更新能够引领教学方法和手段的创新。在新的教育理念的指导下,教师会更加积极地探索和运用创新的教学方法,如项目式学习、协作式学习、探究式学习等,以激发学生的学习兴趣和提高学生的学习效果。同时,教师还会借助现代教育技术手段,如多媒体教学、网络教学等,来丰富教学手段,提高教学的互动性和趣味性。教师教育理念的更新也有助于构建和谐的师生关系和学习氛围。新的教育理念强调教师与学生之间的平等、尊重和理解,鼓励教师成为学生的引导者、合作者和促进者。这种理念的转变有助于消除教师与学生之间的隔阂和障碍,建立起一种更加和谐的学习氛围,从而激发学生的学习积极性和创造性。此外,教师教育理念的更新还能够促进教育评价体系的改革和完善。新的教育理念强调多元评价、过程评价和表现性评价等评价方式,以全面、客观地反映学生的学习效果和发展状况。这种评价体系的改革有助于改变传统的以分数为唯一评价标准的做法，使得教育评价更加科学、合理和有效。

（四）教师心理素质强化对教学实践的影响

教师心理素质是指教师在教育教学活动中所表现出来的心理特质，包括情绪稳定性、自我调控能力、抗压能力、创新意识等多个方面。当教师的心理素质得到强化时，这种提升会对教学实践产生显著而积极的影响。教师心理素质的强化有助于提高教学质量。心理素质强的教师能够更好地应对教学中的各种挑战和压力，保持积极的教学态度和情绪状态，从而为学生提供更加稳定、高效的教学支持。这种稳定性的提升有助于教师更加专注于教学内容和学生的学习需求，减少因情绪波动而带来的教学干扰，进而提高整体教学质量。教师心理素质的强化能够增强师生互动的有效性。心理素质强的教师更善于理解和感知学生的情绪和需求，能够与学生建立起更加积极、有效的互动关系。这种互动不仅能够激发学生的学习兴趣和积极性，还能够促进师生之间的情感交流和信任建立，从而营造出更加和谐、有利于学习的课堂氛围。教师心理素质的强化也有助于提升教师的创新能力和应变能力。心理素质强的教师更具备开放性和灵活性，能够勇于尝试新的教学方法和手段，不断探索适合学生的教学模式。同时，面对教学中的突发情况和问题，教师也能够迅速做出反应和调整，确保教学的顺利进行。此外，教师心理素质的强化还能够对教师的职业发展和个人成长产生积极影响。心理素质的提升意味着教师更能够应对职业生涯中的各种挑战和困难，保持持续的学习和进步态度。这种积极的心态和成长意识有助于教师不断完善自身的专业素养和教育理念,成长为更加优秀、有影响力的教育工作者。

二、初中英语教师专业学习与教学实践的互动关系

(一)教学实践对教师专业学习的反哺作用

在探讨初中英语教师的专业学习与教学实践之间的互动关系时,不可避免地要触及两者之间的相互影响和依赖。这种关系不是单向的,而是呈现出一种动态、互惠的特征,其中教学实践对教师专业学习的反哺作用尤为显著。初中英语教师的专业学习为教学实践提供了坚实的理论基础和丰富的教学资源。教师通过系统的专业学习,能够深入理解和掌握英语教学的核心理念、教学方法和技巧,从而在教学实践中更加自信、灵活地运用所学知识,提高教学效果。然而,仅有专业学习而缺乏教学实践的经验是不够的。教学实践不仅是检验教师专业学习效果的重要场所,还是教师专业成长的关键环节。在教学实践中,教师会遇到各种预设之外的情况和问题,这些都需要教师凭借自己的专业知识和教育智慧来灵活应对。

教学实践对教师专业学习的反哺作用体现在多个层面。通过实践,教师能够深刻感受到理论知识与实际应用之间的联系和差异,从而更加明确自己在专业学习中的方向和目标。此外,教学实践中的成功经验和失败教训都是教师宝贵的财富,它们能够促使教师不断反思自己的教学方法和策略,进而调整和优化自己的专业学习计划。更为重要的是,教学实践为教师提供了一个真实的、充满挑战的学习环境。在这个环境中,教师需要不断地观察、分析、判断和决策,这些过程不仅能够锻炼教师的教育教学能力,还能够激发教师的创新意识和探索精神。这种在实践中获得的专业

成长和经验积累是任何理论学习都无法替代的。

（二）教师专业学习与教学实践的良性循环构建

在初中英语教学领域,教师的专业学习与教学实践之间的互动关系至关重要,这种关系直接影响教师的教学质量和学生的学习效果。当教师的专业学习与教学实践形成良性循环时,这种互动关系将达到最优状态,从而持续提升教师的教学水平和学生的学习成效。教师的专业学习为教学实践提供了源源不断的动力和支持。通过深入学习英语教学法、教育心理学、课程设计等专业知识,教师能够更准确地把握英语教学的规律,更科学地设计教学方案,更有效地实施课堂教学。这种由专业学习带来的教学能力提升,使得教师在教学实践中更加得心应手,从而提高了教学质量。教学实践为教师专业学习提供了广阔的舞台和丰富的素材。在教学实践中,教师会遇到各种各样的问题和挑战,这些问题和挑战往往成为教师专业学习和研究的焦点。通过反思教学实践中的成功与失败,教师能够深刻认识到自己专业知识的不足和教学方法的欠缺,进而激发教师进一步学习的欲望和动力。同时,教学实践中的生动案例和鲜活经验也为教师的专业学习提供了宝贵的资源和素材,使得教师的学习更加贴近实际、更具针对性。

在良性循环的构建过程中,教师的自我反思和持续改进发挥着关键作用。教师需要时刻保持对教学实践的敏感性和批判性,不断审视自己的教学方法和效果,及时发现并纠正存在的问题。同时,教师还需要将专业学习的成果积极应用于教学实践中,通过实践来检验和丰富自己的专业知识,实现学习与实践的相互促进和共同提升。此外,学校和教育机构也应为教师提供良好的学习环境和支持条件,如定期组织专业培训、搭建教师交流平台、鼓励教师开展教学研究等。这些措施有助于营造积极向上的学习氛围,激发教师的学习热情和创新精神,从而推动教师专业学习与教学实践的良性循环不断发展。

(三)教师专业共同体在实践中的作用

在初中英语教学领域,教师的专业学习与教学实践之间的紧密互动是提升教学质量的关键。这种互动体现在教师个体层面的知识更新与技能提升上,更彰显了教师专业共同体这一集体力量对教学实践的深远影响。教师的专业学习是教学实践的基石。通过系统的专业学习,初中英语教师能够掌握先进的教学理念、科学的教学方法和丰富的语言知识,为教学实践提供坚实的理论支撑。这种学习不仅有助于教师更新教育观念,还能提升教师的教学设计和实施能力,从而更有效地促进学生的语言学习和发展。教学实践是教师专业学习的延伸和检验场。在初中英语课堂上,教师将所学的理论知识和教学技能付诸实践,通过与学生的互动和反馈,不断调整和优化教学策略。这种实践不仅有助于教师巩固和深化专业知识,还能培养教师的教学机制和创新能力,进一步提升教学实践的效果。在教师专业共同体的实践中,教师之间可以进行深入的教学研讨和经验交流,分享成功的教学案例和有效的教学策略。这种集体智慧的汇聚不仅有助于教师拓宽教学视野,还能激发教师的创新思维,为教学实践注入新的活力。同时,共同体中的教师还能相互激励和支持,共同面对教学中的挑战和困难,形成积极向上的教学氛围。

第三节　专业学习提高教学实践的创新研究

一、专业学习促进教学实践创新的案例分析

（一）创新教学实践案例分析

随着教育改革的不断深化,专业学习在促进教学实践创新中的作用日益凸显。下面以浙江省杭州市富阳区"全要素激活,让孩子从小热爱劳动"为例进行分析,该案例选自《人民教育》公布的2023 中国基础教育实践创新典型案例名单。

杭州市富阳区劳动教育起源于富春第七小学"开心农场"的实践探索。2021 年,富阳区被教育部认定为"全国中小学劳动教育实验区"。富阳区成立以区委副书记为组长的劳动教育领导小组,通过系统的专业学习,引入了多元智能教学理念,从四个维度全要素激活劳动教育,深化以劳育人,培养知劳动、会劳动、爱劳动的时代新人。

1. 师资激活,人人都是劳动导师

教师是劳动教育落实最为重要的因素,全区多渠道建设劳动教育师资队伍,多举措提高劳动教育的专业化水平,解决劳动教育师资问题。一是高标准配齐校内教师。成立区劳动教育研究院,聘请全国劳动教育专家,依托省、市、区三级名师工作室平台,组建劳动教育研究核心团队,实现校校都有专兼职教师。构建劳动教育"劳动教育名师—学科带头人—骨干教师"的三级培养机制,目前累计已开展 15 期培训,合计 1 000 余名教师参与其中。二是高

质量引进校外名师。邀请 287 位工业、农业等行业的劳动模范,古法造纸、油纸伞、陶艺等"非遗"传承人、工匠大师和科技特派员作为专门指导教师进驻学校、基地。聘请 500 余位校外人员参与课后托管劳动实践指导,并组织"劳模工匠进校园"活动,覆盖全区中小学,服务 10 万余名学生。三是高素质培育农事教官。采取"农户+基地"结对模式,组织农户进行农事劳作、乡土文化等方面培训,引导农户指导学生共同参与"扫干净、堆整齐、种满园、点漂亮"的美丽乡村建设。截至目前,共 351 位结对农户以"农事教官"的身份上岗指导劳动实践。

2. 场域激活,处处都是劳动场所

面对劳动教育场地缺乏的现状,富阳区整合资源,构建实践性、综合性于一体的劳动场域,让劳动教育处处可见。一是特色化打造"校内+校外"两类基地。挖掘学校特色劳动实践资源,实现校校都建立劳动专业教室或劳动实践基地。组织学生深入企业、文创点,感知体验数字科技下的劳动。开展学校课程双讲授、短期实训双指导等,实现校企"双主体"作用。如富阳中学,联合区内现代化企业,打造劳动实践基地,提高学生对职业生涯规划的认知。二是区域化推进"营地+基地+体验点+农户"四级体系。区政府牵头,投入近 7 亿元经费,打造阳陂湖、洞桥、常绿"红绿篮"3 个大规模综合实践基地。挖掘乡村资源,分批次挂牌认定了 49 个乡村实践体验基地。以全区 24 个乡镇为主办单位,推出了以二十四节气为主题的"亲近传统文化,感知节气之美"系列课程。借力产业资源,立足富阳古法造纸、球拍制作等区域特色产业,打造了 100 个"企业+""工厂+"等具有富阳产业辨识度的实践体验点,开拓劳动教育结合社会资源的新路径,组织学生进农村、入农户、与农户同吃同住同劳动,学习掌握特色手工技艺、"非遗"传统技艺,传承劳动文化,弘扬劳动精神。

3. 任务激活,时时都有劳动清单

面向学生生活,借助劳动任务清单的全领域、全学段、全链条推进,促进劳动教育日常化。一是推行"区级劳动清单",让日常劳动有标可依。经浙江省中小学教辅材料评议委员会审定,编制出版浙江省《劳动教育实践指导清单》,1~9年级共14册。从学生身心发展规律出发,任务细化到年级;从地方特色实际出发,任务内化到实际;从密切家校合作实际出发,评价强化到过程。提出"6年学会12道菜、9年打磨成长底色、12年奠定幸福人生"的具体目标,打通劳动教育在"家、校、社"落地的"最后一公里"。二是举办"劳动技能大赛",让劳动技能有台可展。每年举行校级和区级"中小学生劳动技能大赛",以全区劳动周、劳动成果展为展示平台,考察学校劳动清单实施情况。同时,让学生在"学习强国"等各类平台中展示劳动技能、感知劳动的意义和价值。

4. 画像激活,事事都有数字评价

以数字赋能劳动教育,推进数字技术与劳动教育深度融合,以数字画像完善劳动教育评价。一是劳动素养有画像。搭建"新劳动教育"数字化平台,构建劳动教育智能管理和监测评价体系,实施劳动实践体验反馈单评价、劳动争章评价、劳动币评价等多种评价方式。借助全程、全场景的过程性数据采集,形成学生劳动成长数字画像。通过钉钉端口,及时记录学生在家的劳动情况,以文字、图片、语音和视频等形式展示学生的劳动过程,发布学生劳动成果156万条。二是区域管理有数据。平台采集49个劳动实践基地、7条红色劳动路线、100个精品村、351家示范农户的信息数

据,打通各级网络资源,线上发布活动咨询,构建劳动教育良好新生态。同时,平台实现部门间、乡镇街道间及基地农户间的多跨联动,综合集成资源服务、实践服务、数智育人、乡村振兴、服务监管共 5 大场景,实现一屏呈现多维场景数据,一屏掌握基地综合运营态势,助力劳动教育区域管理。

(二)专业学习在教学实践创新中的具体应用

随着教育领域的不断发展和进步,专业学习在教学实践创新中的重要性日益凸显。专业学习为教学实践创新提供了坚实的理论基础。教师在深入学习教育学、心理学、学科教学法等专业知识的过程中,能够掌握先进的教学理念、科学的教学方法和有效的评价策略。这些理论知识不仅有助于教师更新教育观念,还能指导教师在教学实践中进行有针对性的创新。例如,在掌握多元智能理论后,教师可以根据学生的不同智能类型设计多样化的教学活动,从而更全面地发展学生的能力。专业学习助力教师提升教学实践创新的能力。通过参加专业培训、研讨会等活动,教师可以接触到前沿的教育技术和创新实践案例,从而拓宽教学视野,激发创新思维。此外,专业学习还能帮助教师掌握教学研究的基本方法,培养教师从教学实践中发现问题、分析问题和解决问题的能力。这种能力的提升,使教师能够更加自信地面对教学实践中的挑战,勇于尝试新的教学方法和手段。专业学习促进教师教学实践中的持续反思与改进。通过反思,教师能够发现教学实践中的不足和问题,进而寻求改进的策略和方法。这种持续反思与改进的过程,正是教学实践创新的重要源泉。它推动教师不断超越自我,追求更高水平的教学实践。此外,专业学习有助于构建有利于教学实践创新的环境。教师在专业学习的过程中,会与其他教师、学者和教育专家进行深入的交流和合作。这种交流与合作不仅有助于教师汲取他人的经验和智慧,还能促进教师之间形成良好的合作关系和共同发展的愿景。这种环境的构建,为教学实践创新提供了有力的支持和保障。

二、专业学习提高教学实践创新的路径与方法

(一)教师自我导向的专业学习路径

自我导向的专业学习路径,强调教师的主体地位和自主性,有助于教师在专业成长中实现自我驱动、自我监控和自我超越,进而提升教学实践创新能力。教师应首先分析自身的教学实践需求,确定专业学习的目标和方向。这些目标应具有针对性、可操作性和可评价性,以便指导后续的学习活动。根据学习目标,教师应制订详细的学习计划,包括学习内容、时间安排、学习方式等。学习计划应合理、灵活,以适应教师的工作节奏和个人特点。教师可以利用多种渠道获取学习资源,如专业书籍、学术期刊、网络课程、同行交流等。在选择学习资源时,教师应注重资源的权威性、时效性和适用性。按照学习计划,教师应积极开展各种学习活动,如阅读、研讨、实践等。在学习过程中,教师应保持高度的专注力和自律性,确保学习活动的有效进行。教师应定期回顾和反思自己的学习情况,及时发现问题并进行调整。同时,教师还可以借助他人的反馈和建议,以更全面地了解自己的学习进展。教师还应建立科学的评价体系,对自己的学习效果进行客观、全面的评价。评价结果不仅可以作为学习成果的反馈,还可以为下一阶段的学习提供改进方向。

通过自我导向的专业学习路径,教师可以不断提升自身的专

业素养和教学能力,进而在教学实践中实现创新。通过专业学习,教师可以接触到先进的教学理念和方法,从而更新自己的教学观念,为教学实践创新提供思想基础。专业学习有助于教师掌握新的教学技能和策略,提高教学效果和满意度。这些新技能的应用可以激发学生的学习兴趣和积极性,促进教学相长。通过专业学习,教师可以更好地整合和利用各种教学资源,丰富教学内容和手段。这有助于提高教学的趣味性和实效性,满足学生的多元化需求。自我导向的专业学习路径强调教师的反思能力。通过不断反思教学实践中的问题并寻求改进方案,教师可以实现教学过程的持续优化和创新发展。

(二)基于问题解决的实践创新方法

基于问题解决的实践创新方法是教师专业学习中提高教学实践创新能力的重要途径。随着教育改革的不断深入,教师需要具备更强的教学实践创新能力,以应对日益复杂多变的教学环境。基于问题解决的实践创新方法,强调以实际问题为出发点,通过分析和解决教学实践中的具体问题,来推动教学实践的创新发展。

教师需要敏锐地识别和界定教学实践中的具体问题。这些问题可能来源于学生的学习需求、教学内容的更新、教学方法的改进等方面。通过明确问题的性质和范围,教师为后续的问题解决奠定基础。在识别问题后,教师需要对问题进行深入的分析和诊断。这包括探究问题的成因、梳理相关的教学理论和实践经验、分析现有的教学资源和条件等。通过问题的分析和诊断,教师可以更准确地把握问题的本质和关键点,为寻找解决方案提供依据。在分析问题的基础上,教师需要设计并实施具体的解决方案。这包括制定教学目标、选择教学方法和手段、安排教学流程和时间等。在设计解决方案时,教师应注重创新性和实效性,力求在解决问题的同时,推动教学实践的创新发展。解决方案实施后,教师需要对实施效果进行评估和反思,这包括收集学生的反馈意见、分析教学效果的改进措施等。通过评估和反思,教师可以了解解决方案的优点和不足,为后续的教学实践提供经验和借鉴。

(三)合作学习在创新实践中的运用

合作学习作为一种富有创新性的教学策略,已广泛应用于教育领域。在创新实践中,合作学习不仅有助于培养学生的团队协作能力,还能激发教师的教学创新灵感,提升整体教学实践质量。合作学习理论强调学习者之间的积极互动与协作,通过小组或团队的形式共同完成任务,实现学习目标。在合作学习中,每个成员都承担着一定的责任,通过共享知识、技能和经验,促进彼此的学习和发展。

教师应设计具有挑战性和开放性的学习任务,鼓励学生通过合作学习探索未知领域,解决问题。任务的设计应充分考虑学生的最近发展区,使其在合作学习中不断成长。在合作学习中,每个学生都应担任特定的角色,如领导者、记录者、发言者等。这有助于培养学生的责任感,提高团队协作效率,同时也有助于发掘学生的潜在能力。教师应积极参与学生的合作学习过程,提供必要的指导和支持。同时,鼓励学生之间的相互评价和反馈,以便及时调整学习策略,优化学习效果。合作学习策略的运用需要教师具备创新意识和实践能力。通过不断尝试和改进合作学习方法,教师的教学实践创新能力得到提升,有助于推动教育教学的整体创新。

(四)反思性实践促进创新能力的提升

在教育领域,教师的创新能力对于提高教学实践的质量和效果具有至关重要的作用。而反思性实践作为一种重要的学习策略,有助于教师不断审视自己的教学实践,发现问题并寻求创新性的解决方案,从而提升自身的创新能力。反思性实践强调实践者在行动中进行反思,通过回顾、分析和评估自己的实践过程,发现问题并寻求改进。在教育领域,反思性实践被广泛应用于教师专业发展,有助于教师形成自我监控和自我调节的教学行为,提高教学实践的合理性和有效性。

教师需要具备强烈的反思意识,才能在教学实践中主动发现问题并进行深入的思考。通过参加专业培训、阅读相关文献、与同行交流等方式,教师可以不断增强自己的反思意识,提高反思能力。学校和教育机构应为教师提供有利于反思性实践的环境,如定期开展教学观摩、教学研讨等活动,鼓励教师之间进行交流和合作,共同反思教学实践中的问题。教师需要掌握有效的反思方法,以便更好地分析教学实践中的问题并提出创新性的解决方案。常用的反思方法包括教学日志、教学案例分析、行动研究等。通过运用这些方法,教师可以对自己的教学实践进行深入剖析,发现潜在的创新点。反思性实践的最终目的是促进教学实践的创新。因此,教师需要将反思的成果转化为具体的创新行动,如尝试新的教学方法、开发新的教学资源、优化教学流程等。通过不断的实践和创新,教师可以逐渐提升自己的创新能力。

第四节 初中英语教师专业学习支持系统的构建

一、初中英语教师专业学习支持系统的理论基础

(一)教师专业学习支持系统的概念界定

教师专业学习支持系统是一个综合性的概念,它指的是为了提升教师的专业素养和教学能力而设计的一系列支持措施、资源、平台以及环境的总和。这个系统以教师的专业学习需求为出发点,整合了多种学习资源和技术手段,旨在为教师提供专业发展所需的知识、技能和策略,并促进教师在教学实践中的应用和创新。

教师专业学习支持系统涵盖了多个层面的内容。在理念层面,体现了对教师专业成长的重视,认为教师是教育发展的关键因素,其专业素养的提升对于提高教育质量具有至关重要的作用。因此,这个系统致力于为教师创造有利的学习环境,激发教师的学习动力和创新精神。在资源层面,教师专业学习支持系统整合了丰富多样的学习资源,包括课程资料、教学案例、研究文献、专家讲座等。这些资源经过精心挑选和组织,能够满足教师在不同发展阶段的学习需求,帮助教师不断更新知识结构,提升教学技能。在技术层面,教师专业学习支持系统借助先进的信息技术手段,如网络学习平台、在线教育工具、智能推荐系统等,为教师提供便捷、高效的学习支持。这些技术手段不仅能够实现学习资源的共享和远程协作,还能够根据教师的学习特点和需求,提供个性化的学习路径和反馈机制。在环境层面,教师专业学习支持系统致力于营造一个积极、开放、包容的学习氛围。这个环境鼓励教师之间的交流

与合作,支持教师进行教学实践和探索创新。同时,这个系统也注重和外部环境的互动与对接,如与教育政策、市场需求等保持密切联系,以确保教师的学习成果能够在实际教学中得到有效应用。

(二)教师专业学习支持系统的理论基础

1. 终身学习理论

终身学习理论强调学习是一个贯穿人的一生的过程,它不仅包括在学校或职业环境中进行的正式学习,还包括在日常生活中发生的非正式学习。对于教师而言,终身学习意味着必须不断更新知识、提升技能,并适应教育领域的持续变化。这种学习不仅是为了满足个人职业发展的需求,还是为了提供高质量的教学,满足学生不断变化的学习需求。

在教师专业学习支持系统中,终身学习理论强调教师需要具备自主学习的能力,能够主动寻求和利用各种学习资源,包括在线课程、研究文献、同行经验等,以不断丰富和更新自己的专业知识库。终身学习理论鼓励教师进行反思性实践,即对自己的教学实践进行批判性思考,识别存在的问题并寻求改进的策略。这种反思过程有助于教师将理论与实践相结合,提升教学的针对性和有效性。此外,终身学习理论还强调学习的社会性和情境性。在教师专业学习支持系统中,这意味着教师应该有机会参与到各种学习共同体中,如学科教研组、教师工作坊等,与同行进行深入的交流和合作。这种社会互动不仅有助于教师分享经验和解决问题,还能激发教师的创新思维和教学实践中的灵感。

2. 教师专业发展理论

教师专业发展理论认为,教师是教育领域的专业人士,其专业成长是一个持续不断、动态变化的过程。这个过程涉及教师知识、技能、情感态度等多个方面的提升和转变。为了实现这种发展,教师需要积极参与各种专业学习和实践活动,不断更新教育观念,提高教学能力。

　　教师专业发展理论强调教师自我发展的重要性。这意味着教师应该成为自己专业成长的主导者,具备自我学习和自我更新的能力。教师专业学习支持系统通过提供丰富的学习资源和自主的学习环境,激发教师的学习动力,实现教师自我发展和成长。教师专业发展理论注重实践反思的作用。实践是教师专业发展的基石,而反思则是对实践经验的总结和提炼。教师专业学习支持系统鼓励教师在实践中进行反思,通过反思发现自己的不足,并寻求改进的方法。这种实践反思的过程有助于教师形成自己的教学风格和教育理念,提升教学实践的合理性和有效性。教师专业发展理论还强调教师之间的合作与共享。教师专业成长不是孤立进行的,而是需要借助他人的经验和智慧。教师专业学习支持系统通过搭建教师之间的交流平台,促进教师之间的合作与共享,实现教育资源的优化配置和教师专业发展的共同进步。

3. 学习共同体理论

　　学习共同体理论的核心观点在于,学习是一个社会性的过程,它通过个体与共同体之间的互动而得到促进。在这个共同体中,成员们拥有共同的学习目标,分享学习资源,相互协作,共同解决问题,并从彼此的经验中获得成长。对于教师而言,参与学习共同体能够与其他教师、教育专家以及学者等进行深入的交流与合作,从而实现更加全面和高效的专业学习。

　　在教师专业学习支持系统中,学习共同体理论鼓励教师之间建立紧密的合作关系,通过分享教学经验、教学资源和教学策略,促进彼此的专业成长。这种合作不仅有助于教师解决教学中遇到的问题,还能够激发创新思维,推动教学实践的不断改进。学习共同体理论强调知识的社会性建构。在教师专业学习支持系统中,教师有机会参与到知识的创造与分享过程中,通过与其他成员的互动,不断建构和丰富自己的专业知识体系。这种知识的社会性建构过程有助于教师形成更加深刻和全面的专业理解,提升教学水平和研究能力。此外,学习共同体理论还注重共同体成员之间的情感联系和归属感。在教师专业学习支持系统中,这种情感联系和归属感可以通过定期的线下交流、线上互动以及共同体活动等方式得到增强。当教师感受到自己属于一个充满支持、理解和尊重的学习共同体时,学习动力和专业发展意愿也会得到显著提升。

二、初中英语教师专业学习支持系统的构建要素

(一)学习资源支持

学习资源支持涵盖了为教师提供多样化、高质量的学习材料和教育资源,以促进其专业知识和技能的不断更新与提升。对于初中英语教师而言,优质的学习资源不仅包括传统的纸质教材、教辅资料,还包括数字化教育资源,如在线课程、教学视频、互动软件等。这些资源能够为教师提供丰富的教学素材和案例,可以更好地理解和掌握英语学科知识,提升教学技能。学习资源支持应体现多样性和针对性。初中英语教师的专业需求是多元化的,既需要掌握扎实的语言基础知识,又需要了解最新的教学理论和方法。因此,学习资源支持应涵盖多个方面,如语言知识、教学技巧、教育

心理学等,以满足教师不同层面的学习需求。同时,资源还应根据教师的实际情况进行个性化推荐和配置,以提高学习的针对性和效率。

学习资源支持也应具备时效性和动态性。随着教育领域的快速发展和英语学科的不断演变,教师需要不断接触和学习新的教学理念、方法和内容。因此,学习资源支持应及时更新和优化,确保教师能够获取到最前沿、最实用的教学资源。此外,资源平台还应提供便捷的检索和获取功能,使教师能够随时随地进行学习和充电。此外,学习资源支持还应与其他学习支持服务相结合。单纯地提供学习资源并不足以支撑教师的专业发展,还需要与学习活动设计、学习评价与反馈等其他支持服务相配合,形成一个完整、系统的学习支持体系。这样,教师才能在学习资源支持的基础上,通过参与各种学习活动和交流互动,实现知识的内化与能力的提升。

(二)学习活动设计

学习活动设计涉及为教师策划和组织一系列有针对性的学习活动,以促进其专业知识、教学技能和综合素养的提升。学习活动设计在初中英语教师专业学习支持系统中具有举足轻重的地位。有效的学习活动是教师专业成长的重要途径。通过参与精心设计的学习活动,教师可以系统地掌握英语学科的核心知识,提升教学实践能力,并不断探索和创新教学方法。学习活动设计应体现目标导向和实践性。这意味着每个学习活动都应明确其目标和预期成果,并与教师的实际工作场景和需求紧密相连。例如,可以设计以解决实际问题或提高特定教学技能为目标的任务驱动式学习活动,使教师在实践中学习、在反思中进步。学习活动设计应注重多样性和互动性。初中英语教师的专业成长需求是多元化的,因此学习活动应涵盖多种类型,如研讨会、工作坊、在线课程、教学观摩等,以满足不同教师的学习风格和兴趣。同时,通过增强学习活动的互动性,如引入小组讨论、角色扮演、案例分析等,可以激发教师的参与热情,促进知识的深度理解和应用。

学习活动设计还应关注教师的个体差异和发展需求。每位教师都有其独特的教学经验和挑战,因此学习活动应具有一定的灵活性和可定制性,以便根据教师的实际情况进行调整和优化。此外,学习活动设计需要与其他学习支持要素相协同。学习资源、学习评价、学习反馈等要素应与学习活动紧密相连,共同构成一个完整、高效的学习支持系统。例如,可以为学习活动提供丰富的学习资源作为支撑,同时通过学习评价和反馈机制来检验学习效果,为教师提供持续改进的动力和方向。

(三)学习评价与反馈

学习评价与反馈涉及对教师学习成果和专业发展的全面评估,以及提供及时、有效的反馈信息,以促进教师的持续改进和成长。学习评价与反馈在初中英语教师专业学习支持系统中起着承上启下的关键作用。科学的评价机制能够客观地衡量教师的学习成果和专业进步,为教师提供清晰的自我认知。这种评价不仅包括对传统知识技能的考核,还应涵盖教学实践、创新思维等多个方面,以全面反映教师的综合素养。及时的反馈机制对于教师的专业成长至关重要。通过学习评价所产生的数据和信息,反馈系统能够为教师提供针对性的建议和改进方案。这种反馈应具有建设性、可操作性和激励性,既要指出教师存在的不足,又要提供可行的改进路径,同时还要肯定教师的努力和进步,以激发学习动力和专业自信。学习评价与反馈还应体现多元化和个性化的特点。针对初中英语教师的不同需求和发展阶段,评价与反馈的内容和方式应有所差异。例如,对于新手教师,可以侧重于教学基本功和课堂管理能力的评价与反馈;而对于经验丰富的教师,则可以更注重教学创新和领导力的培养。此外,学习评价与反馈还需要与其他学习支持要素相互融合、相互促进。在评价与反馈的指导下,教师可以更好地利用学习资源和参与学习活动,实现专业成长的良性循环。同时,学习资源和学习活动的质量也可以通过评价与反馈来进行不断的优化和调整。

参 考 文 献

［1］邵燕楠,陈玉梅,闫志香.中学英语教师学科专业素养与课堂教学实践［M］.北京:首都师范大学出版社,2013.

［2］郭晓英.大学-中小学英语教师专业学习共同体研究:"国家特需人才培养"视角［M］.南京:南京大学出版社,2022.

［3］席玉虎.初中英语教师科研入门［M］.北京:首都师范大学出版社,2011.

［4］孙新.且学且行:初中英语教师专业技能提升策略［M］.北京:中国言实出版社,2017.

［5］秦杰.我国中学英语教师专业能力发展研究［M］.北京:外语教学与研究出版社,2018.

［6］赵皓辰.项目学习引领下促进初中英语教师专业发展的研究［J］.中学课程辅导,2022,(06):33-35.

［7］周伟.通过专业交往促进教师发展的有效路径［J］.中小学外语教学(中学篇),2021,44(10):36-40.

［8］黄建欣.初中英语课堂深度学习与教师专业成长［J］.校园英语,2021,(26):137-138.

［9］王加琴.谈初中英语教师专业学习及能力提升［J］.英语画刊(高级版),2020,(09):123.

［10］杨转凯.在线教学模式下初中英语教师身份认同现状及其对策［J］.海外英语,2021,(09):144-145.

［11］高一波.新时代背景下教师教学信念取向现状与发展建议
　　　［J］.中国电化教育,2021,（12）:123-130+150.

［12］赵连杰.概念转变弥合外语教师信念与教学行为的中介机理
　　　［J］.外语界,2020,（05）:89-96.

［13］赵越.提升初中英语教师信息化教学能力的实践与研究［J］.
　　　中国新通信,2022,24（17）:194-196.

［14］宁静.农村学生英语能力培养及教师教学能力提升途径分析
　　　［J］.中国果树,2021,（07）:116.

［15］李涛,张莲.英语专业师范生信息技术与课程整合教学认知
　　　及其影响因素［J］.山东外语教学,2021,42（04）:51-62.

［16］何琳.大学英语教师专业学习共同体的构建策略［J］.英语广
　　　场,2023,（15）:109-112.

［17］陆淼.新文科背景下大学英语教师专业学习共同体实践探究
　　　［J］.教育观察,2023,12（13）:64-67.

［18］马玲玲.学习共同体视域下大学英语教师专业发展研究［J］.
　　　产业与科技论坛,2023,22（09）:209-210.

［19］吴莎.学习共同体视角下新时代高校英语教师发展路径［J］.
　　　大学,2023,（04）:149-152.